平成論

「生きづらさ」の30年を考える

池上 彰 Ikegami Akira
上田紀行 Ueda Noriyuki
中島岳志 Nakajima Takeshi
弓山達也 Yumiyama Tatsuya

NHK出版新書
561

はじめに

大正大学客員教授　渡邊直樹

この本のきっかけをつくり、企画を立てた者として、『平成論』誕生までの経緯を簡単に記させていただきます。

私は大正大学文学部（のちに表現学部）で教鞭《きょうべん》をとるとともに、二〇〇七年から二〇一六年まで年一冊刊行した『宗教と現代がわかる本』（平凡社）の責任編集者をしていました。現代社会の諸問題を解く鍵は「宗教」にあるという編集方針に基づき、一年間に世界と日本で起きた広義の「宗教」に関わる事件、ニュース、現象をわかりやすく解説し、それとともに各年の特集テーマについて、多方面からアプローチして読み解いていく本でした。アカデミズムとジャーナリズムの架け橋となることも目指していました。全十冊の特集テーマは次のようなものです。

二〇〇七年版　慰霊と追悼・宗教教育・皇位継承・生命倫理
二〇〇八年版　宗教と医療のあいだ
二〇〇九年版　天皇と宮中祭祀
二〇一〇年版　宗教と映像メディア
二〇一一年版　信仰と人間の生き方
二〇一二年版　大震災後の日本人の生き方
二〇一三年版　宗教者ニューウェーブ
二〇一四年版　いつか死ぬ、それまで生きる。
二〇一五年版　マンガと宗教
二〇一六年版　聖地・沖縄・戦争

また、それぞれの年に起きた「宗教」に関わるニュースの年表や物故者、書評、キーワードなどのデータ部分が全体の三分の一のページを占めていました。十冊が完結したのちに、蓄積した十年分のデータをまとめて読み返してみると、世の中の大きな流れが浮き上がってきました。

そこで、この十年間のデータをもとに、新たに一九九五年から二〇一七年までの二十三年分の宗教と社会の出来事をまとめた年表を作成しました。一九九五年は、阪神・淡路大震災、オウム真理教による地下鉄サリン事件などが相次いで起き、その後の社会に大きな影響を与えた年でもあり、そこを起点としました。私個人としても、オウム事件のようなことを二度と起こさぬようにということが、『宗教と現代がわかる本』を編集するうえでの大きなモチベーションともなっていました。

ここまでが前段です。

さて、年表を作成したうえで、この年表をもとに、この期間の社会と宗教の動きを振り返るとともに、オープンに議論する場をもつことが大事なのではないかと考えました。年表だけが提示されるよりも、年表から何を読み取るのか、読解のお手本にあたるものがあると読者は年表をより有効に活用できるでしょう。

そのとき思い浮かんだのが、開設間もない、上田紀行先生を院長とする東京工業大学リベラルアーツ研究教育院のなかの四人の先生たちでした。すなわちこの本の執筆者の池上彰・弓山達也・上田紀行・中島岳志（執筆順）の皆様です。世界の動きのなかの日本、宗教教団の活動と個人のスピリチュアリティへの関心、伝統仏教のなかの新たな動き、ナショナリズムと宗教、といった少しずつ異なるアプローチから、現代の社会と宗教の問題をとらえ、わかりやすく伝えている皆様に一堂に会して議論していただきたいと思ったのです。

そこで上田先生にご相談し、皆様のご賛同もいただき、東工大リベラルアーツ研究教育院主催の公開シンポジウムを行なうこととなりました。実は、四人の先生方が一堂に会して話をする機会はそれまでなかったそうなのです。ご多忙を極める皆様が、大学が夏休みの二〇一七年八月十六日に顔をそろえ、公開シンポジウム「現代の社会と宗教　1995～2017」が東工大構内で開催されました。

当日は開場の一時間前からお客様の行列ができ、予定した教室のほかに急遽三つの会場を用意していただき、来場の皆様は全員入場することができました。シンポジウムのスタート時間は十五分ほど遅れましたが、池上先生がその間マイクを手に取り、東工大と文科系の学問との関わりなどについての話を披露し、来場者はむしろ喜んで開演を待ってくださったのです。

公開シンポジウムでは、四人が順番にご自身のテーマで話を展開され、質疑応答も活発に行なわれ、成功裏に終了しました。この日のシンポジウムの様子は、『年表でわかる現代の社会と宗教』（平凡社）に一部が掲載されています。

公開シンポジウムに先立ち、この機会に四人による座談会をさらに二回重ねて、そのうえで書籍としてまとめようということになりました。そのためには二回目以降は、もう少し落ち着いて話をして議論を深めるために非公開にして、扱う年代も平成の時代をすべてカバーするように、広げることとしました。

私は合計三回の座談会の司会を務めさせていただいたところで、書籍化のための編集の仕事をＮＨＫ出版新書編集部の加藤剛さんにバトンタッチさせていただきました。それから半年。座談会をまとめた原稿をもとに再構成し、大幅に加筆・修正して出来上がった『平成論』は、平成の時代の社会と宗教との関わりを柱としつつ、さらに大きく成長した姿で私の前に現れてくれました。

明治維新から百五十年でもある今年二〇一八年。来年二〇一九年五月には平成の次の元号となります。平成の時代を「象徴」として国民、とくに弱い立場の人たちとともにあることを使命とされてきた天皇陛下と美智子皇后は、そのお立場を譲位されます。

オリンピック・パラリンピックが東京で開催される二〇二〇年は日本の敗戦から七十五年。二〇二一年は日米開戦から八十年です。日本の未来に対して多くの人が不安をおぼえる今だからこそ、目先のことに追われるだけでなく、いったん立ち止まって、私たちが生きてきた平成の時代を振り返っておくことが大切なのではないでしょうか。

平成最後の八月十五日に

平成論——「生きづらさ」の30年を考える　目次

第1章 世界のなかの平成日本——池上彰

「平成」とは何であったか

二〇一九年四月三十日、「平成」が終わり、五月一日より新しい時代が始まる――。

これは、おそらく世界では意味を持たないニュースでしょう。二十一世紀の現代社会においては、キリスト教文化圏だけでなく、世界中の多くの国や地域が西暦を使用し、過去を振り返るときは一世紀単位で考えます。イスラム世界ではヒジュラ暦（イスラム暦）が使われます。

しかし、日本においては異なります。もちろん西暦も用いますが、時代として捉えるときは「元号単位」で考えます。元号が変わると、日本人の気持ちも空気も確実に変わる。日本人にとっては、元号こそ時代の象徴なのです。

では、その「平成」の三十年間（正確には三十年と百十三日）とはどんな時代だったのか。「激動の時代」と言ってしまうと安易ですが、経験したことのない事態の連続に、多くの人が衝撃と不安を抱いた時代でした。

バブル崩壊に始まり、阪神・淡路大震災、オウム真理教によるサリン事件、9・11アメリカ同時多発テロ事件、リーマン・ショックによる金融危機、東日本大震災などは、平成を語るうえでは欠かせない大きな出来事でしょう。

でも、ここで言う「激動」とは、そうした単発の事件・事故だけでなく、戦後日本がつくり上げた社会システムや価値観が、グローバル化とIT革命のなかで崩れていった過程を含んでいます。バブルが崩壊したあとの三十年にも及ぶデフレ状態、そのなかで新しいビジネスが誕生したり消えていったり……と、日本国内で試行錯誤が続いてきた激動の時代――それが「平成」という時代です。

本書では、まず私がガイド役を兼ねるかたちで、平成時代を総論として語ります。そのあと、弓山氏、上田氏、中島氏のお三方に、ご自身の研究的視点からそれぞれの平成論を語っていただきます。ここでは、平成の三十年間に起きた日本と世界の主な出来事を振り返りながら、平成とはどんな時代だったのかを改めてたどってみます。

昭和から平成へ

平成の始まりから見ていきましょう。

昭和六十四年一月七日、昭和天皇が吹上《ふきあげ》御所において崩御《ほうぎょ》されました。このとき私は宮内庁詰めの記者でした。昭和天皇は前夜から容体が急変。早朝になって「崩御」が発表されました。その日は夜来の雨が上がったばかり。正午のNHKニュースで、宮内庁から中継で「崩御」を伝えることになりました。さて、何を語ればいいのか。

昭和とは、その前半は戦争に明け暮れ、戦後は平和のなかで高度経済成長を遂げました。そうした「昭和」の位置づけを語るのは歴史家の役割でしょう。当時の私は、現場で取材をしているジャーナリストとして、極力感情を抑え、事実だけを正確に伝えることに集中しました。

とはいえ、「昭和が終わった」という感慨は忘れがたいものです。数々の戦争があっただけに、「昭和」という言葉には重いものがありました。いや、敢えて言えば重苦しいものがあったのです。これをどう総括すればいいのか。そんなことを考える間もなく、総理官邸では当時の小渕恵三官房長官が記者会見で、「新しい元号は平成であります」と奉書紙を掲げました。

新しい元号が決まった後、どんな文字か国民に端的に理解してもらうためには紙に書いた方がいいと、急遽、奉書紙に書くことになったそうです。「平成」とは、平和国家を目指してきた日本が、今後も平和を目指していくのだという決意表明が感じられました。このとき私の心の中で重苦しさがスッと消えたのです。ある種の解放感でした。元号とは、不思議な力を持っています。

1989年1月7日、新元号「平成」を発表する小渕恵三官房長官（提供：朝日新聞社）

翌一月八日から、平成がスタートしました。ところで、元号とは何でしょうか。元号は、もともとは中国の皇帝が使っていたのを日本も導入したものです。

明治以降は天皇一人につき元号は一つですが、明治の前の慶応までは、天皇が変わらなくても元号を変えることができました。大きな災害などがあると「縁起が悪い」と言って改元していたのです。これまで日本では「応仁《おうにん》」「寛政《かんせい》」など二百以上の元号が使われてきました。

元号は漢籍に詳しい学者などが中国の古典からとって決めています。ちなみに平成は、「内平らかに外成る（史記）」、地平らかに天成る（書経）」という文言から引用したもので、「国の内外、天地とも平和が達成される」という意味だそうです。平和主義の志向が色濃かった竹下登内閣らしい選択ではありました。竹下首相の意向が反映されたとの証言もあります。

では、平成はその名のとおり、国の内外が平和だった時代だと言えるでしょうか。

平成元年は西暦で言うと一九八九年。世界情勢に目を移せば、まさにこの年にベルリンの壁が崩壊し、東西冷戦が終わりました。日本の新たな元号のように、世界は平和になると期待したのですが、現実は逆でした。

東西冷戦とは、第二次世界大戦後に始まった、ソビエト連邦（ソ連）を中心とした「社会主義国」と、アメリカを中心とした「資本主義国」の対立のことです。殺し合いはしないけれど、互いに核兵器を持って睨《にら》み合っていたことから、軍隊同士がぶつかる「ホット・ウォー（熱い戦争）」に対して「コールド・ウォー（冷たい戦争）」と呼ばれました。

東西冷戦の最中は、各国がアメリカチームとソ連チームに分かれ、親分の国に逆らわないようにおとなしくしていました。今から思えば、それなりに安定した世界秩序が保たれていたのです。ところが一九九一（平成三）年にソ連が崩壊すると、タガが外れたようにそれぞれが思い思いの行動を起こすようになります。

イラクによるクウェート侵攻、それに続く湾岸戦争、ユーゴスラビアの内戦……。東西冷戦の終結は、新たな諍《いさか》いを生み出しました。

東西冷戦後の現代史を画する出来事は、二〇〇一（平成十三）年の9・11アメリカ同時多発テロ事件です。アメリカは報復のためにアフガニスタンを攻撃。さらにイラクも攻撃します。

アフガニスタンは、同時多発テロを起こした国際テロ組織「アルカイダ」の指導者であるオサマ・ビンラディンがいましたから、アメリカのジョージ・W・ブッシュ政権による「報復攻撃」は、まだ理解できる部分がありました。

ところがイラクは、「大量破壊兵器を隠し持っている疑いがある」というだけで一方的に攻撃に踏み切りました。第二次世界大戦後、世界は国連（国際連合）を組織し、集団的自衛権を行使できる安全保障理事会（安保理）が設立されました。もしイラクがアメリカの安全保障上危険であるなら、まずは国連安保理での審理と決議が必要とされるのですが、ブッシュ政権は、国際社会の多くの国の反対や懸念を押し切ってイラクを攻撃しました。

その結果、イラクの独裁者フセイン大統領を打倒しましたが、国内は大混乱。内戦状態となってしまい、やがて過激派のＩＳ（「イスラム国」）を生み出すことになります。

東西冷戦が終わったとき多くの人たちは、これからはアメリカ一強になると思いました。しかし、9・11をきっかけにその覇権は崩れ始めました。二〇一七（平成二十九）年には、「アメリカさえよければいい」というアメリカ・ファースト、一国孤立主義の考えを持つドナルド・トランプが大統領に就任します。

「Gゼロ」という言葉があります。主要先進国であるG7が指導力を失い、新興国を加えたG20も機能しない。そんな国際社会を指す言葉ですが、今、どこも世界をリードする国がなくなっているなかで中国の台頭が顕著です。国際情勢においては、新しい秩序が生まれる前の段階での混沌とした状況が、平成の始まりからずっと続いているように思えます。新しい国際秩序が生まれるのは、次の元号になってからでしょうか。

「宗教の時代」が始まった

東西冷戦が終わってソ連が崩壊し、いわゆる社会主義イデオロギーが終焉《しゅうえん》を迎えるとともに始まったのが「宗教の時代」です。

ソ連をはじめとする社会主義の国々では、宗教は抑圧されていました。マルクスに、「宗教はアヘンである」という言葉があります。資本主義体制のもとでは、労働者は過酷な目に遭っている。本来、その現実を自覚して革命を起こさなければいけないのに、キリスト教という救いがあるために、「今苦しくても、やがて天国に行けるのだ」と思ってしまう。そのため革命を起こそうとしなくなる。だからダメなのだ——という論理の過程で、この言葉が出てきます。そのため、マルクス主義をベースにしたソ連は無神論を広めていきました。

ところがソ連が崩壊すると、旧東側諸国で宗教が一気に甦《よみがえ》ります。ソ連最後の最高指導者ミハイル・ゴルバチョフ自らが「幼児期にキリスト教の洗礼を受けていた」と告白したことは衝撃でした。宗教は徹底的に破壊されたはずなのに、ロシアではロシア正教が表に出てきました。

カザフスタンやウズベキスタンなど旧ソ連邦の中央アジアではイスラムが急激に復活。同じく旧ソ連邦でも東方正教会に連なるアルメニア正教のアルメニアとイスラムのアゼルバイジャンの間では紛争が起こりました。

もっとも悲惨な争いが起きたのが旧ユーゴスラビアです。ユーゴスラビアはもともと、言語、民族、宗教が複雑に入り組んだ六つの共和国による連邦国家でした。カリスマ指導者チトーのもとで秩序が保たれていたのです。政治経済体制は社会主義を採用していたので資本主義諸国と対立する一方、ソ連の指導にも従わなかったので、いつソ連の侵略を受けるかもしれないという危機感から、「全人民武装」を掲げていました。各家庭に銃が配布され、人々は定期的に軍事訓練を受けていました。銃の扱いに習熟していた人々が敵味方に分かれて戦うのですから悲惨でした。

そのうちの一つ、ボスニア・ヘルツェゴビナでは、セルビア正教のセルビア人とイスラム教徒(ボシュニャク人)、カトリックのクロアチア人という争いが勃発。これは民族の争いなのか、宗教の争いなのか、土地争いなのか。三つが入り乱れるかたちで悲劇的な内戦となりました。第二次世界大戦終結から五十年も経っていたにもかかわらず、スレブレニツァの虐殺(一九九五年)のような集団虐殺が公然と起きてしまったのです。

当時、私はNHK「週刊こどもニュース」のキャスターを務めていました。日本の子どもたちに宗教や民族という概念を理解してもらうことの困難さに直面しましたが、理解しにくかったのは大人も同じだったようです。

宗教や民族が異なる人々が平和共存するのがいかに困難か。私たちは、旧ユーゴの経験の後も、世界各地でこの困難さを思い知ることになるのです。

宗教が復活したのは東側だけではありません。西側、特にアメリカでもそうです。アメリカ社会においては、東西冷戦が終わるまでは敵としてソ連というものがありました。大統領選挙や政治の世界の議論には、まず「ソ連をどう封じ込めるか」というのがあったわけです。ところがソ連が崩壊。当時ベストセラーになったフランシス・フクヤマの著書『歴史の終わり』（一九九二年翻訳、三笠書房）は、冷戦が終わったことで、これからは民主主義の時代を迎えるという楽観論に彩られていました。

ところが、アメリカ国内では、ソ連がなくなったことで内向きの気分が広がり、旧ソ連でイスラムが復活する反作用であるかのようにキリスト教再生の動きが力を持ちます。

近年アメリカで大きな政治勢力となっているのが、保守系キリスト教の福音派（エヴァンジェリカル）です。彼らは『旧約聖書』や『新約聖書』に書かれたことは一字一句真実であると信じています。神がアダムとイブをおつくりになったのであり、ダーウィンの「進化論」など信じていません。

そもそも宗教原理主義は、彼らのようなキリスト教原理主義を指していたのです。それが、イスラム復興運動に対して、キリスト教原理主義のアナロジーからイスラム原理主義と呼ぶようになったのです。

二〇一二（平成二十四）年、アメリカ大統領選挙の候補選びが始まったアイオワ州でエヴァンジェリカルの集会を取材しました。そこに来ていた人のよさそうな中年女性に「どういう観点で大統領を選びますか?」と尋ねたら、「同性婚を認めない。妊娠中絶を認めない。この二点さえ守ってくれればいい」と答えました。

神がアダムとイブをつくったのだから、男と女が愛すべきであり、同性愛は神の御心に沿わない。ノアの箱舟に乗って大洪水から生き延びたノアの一族は、神から「産めよ、増やせよ、地に満てよ」と命じられたのだから、中絶など許されない。この発想です。

その観点だけで世界に影響を与えるアメリカの大統領を選ぶのかと愕然《がくぜん》としましたが、それがアメリカ中西部では当たり前になっているのが現実なのです。

バブル経済と、崩壊がもたらしたもの

それでは、東西冷戦終結直後、平成が始まったころの日本はどんな状況だったのか。

一九八九(平成元)年、日本はバブル景気に沸いていました。バブルについてはいろいろな定義があると思いますが、私は「モノの価値がその実力を超えて上昇することに伴う過熱景気」と定義します。

そのバブルが生まれたきっかけは一九八五(昭和六十)年のプラザ合意です。日本は、

ニューヨークのプラザホテルで開かれた米・英・仏・西独との先進五ヵ国蔵相・中央銀行総裁会議（G5）でドル高是正の協力体制に合意しました。当時のアメリカがドル高で経済が振るわなかったため、景気回復に協力しようということになったのです。

その結果、円高ドル安となり、日本の輸出企業は大打撃を受け、円高不況が訪れます。そうなると景気対策をしなければなりません。日本銀行は超低金利政策として公定歩合を五パーセントから二・五パーセントに引き下げ、企業にお金を借りてもらおうと考えます。そこで企業が買ったものが土地でした。

バブルで特に過熱したのが地価と株価です。一九八〇年代後半には、東京二十三区の土地の値段で、アメリカ全土が買えるとまで言われました。あくまで計算上ですが、それほど土地の値段が上がっていた。地価は絶対に下がらないという「土地神話」という言葉もよく聞かれました。

株価もどんどん上がっていきました。一九八五年初めに一万二千円台だった日経平均株価は、一九八九年末には三倍超の三万八千九百十五円の最高値を記録します。バブルが発生する前の日本には、お金を儲けるために株を買うことは、どこか恥ずかしいという意識を持った人たちがいました。それを一変させたのが、一九八五年の民営化に伴うＮＴＴ株の売り出しです。抽選に当たって株を買えた人はあっという間に大儲け。そこから一挙に、株を買うことは別に悪いことではない、そもそも日本は投資をしないからダメになった、貯蓄などしている場合ではなく投資をしなければいけない、とヒートアップして、バブルが膨らんでいったのです。

そのとき、伝統的な嗜《たしな》みのある人は、おかしいと気づいてはいました。当時メーカーに勤めていた人が、証券会社に就職した娘の最初のボーナスが自分の年収ほどもあり、「俺の人生何だったんだ……」と嘆いていました。立ち止まって考えれば、何かが違うと気づくはずでした。でもなかなか抗《あらが》えない。やがて、バブルははじけます。

では、バブルはどのようにしてはじけたか。簡単に言えば、地価が上がり続けることを憂慮した政府と日銀が三つの策を打ち出したことによります。

一つめは「総量規制」です。一九九〇(平成二)年三月末、大蔵省は銀行に対して、不動産業者への融資の抑制を指導します。銀行は当然従いますから、不動産業者がお金を借りにきても断ります。すると土地が売れなくなる。需要が消えるから、地価は下がるというわけです。

二つめが「地価税」の導入。一九九一(平成三)年五月、異常高騰した土地に税金をか

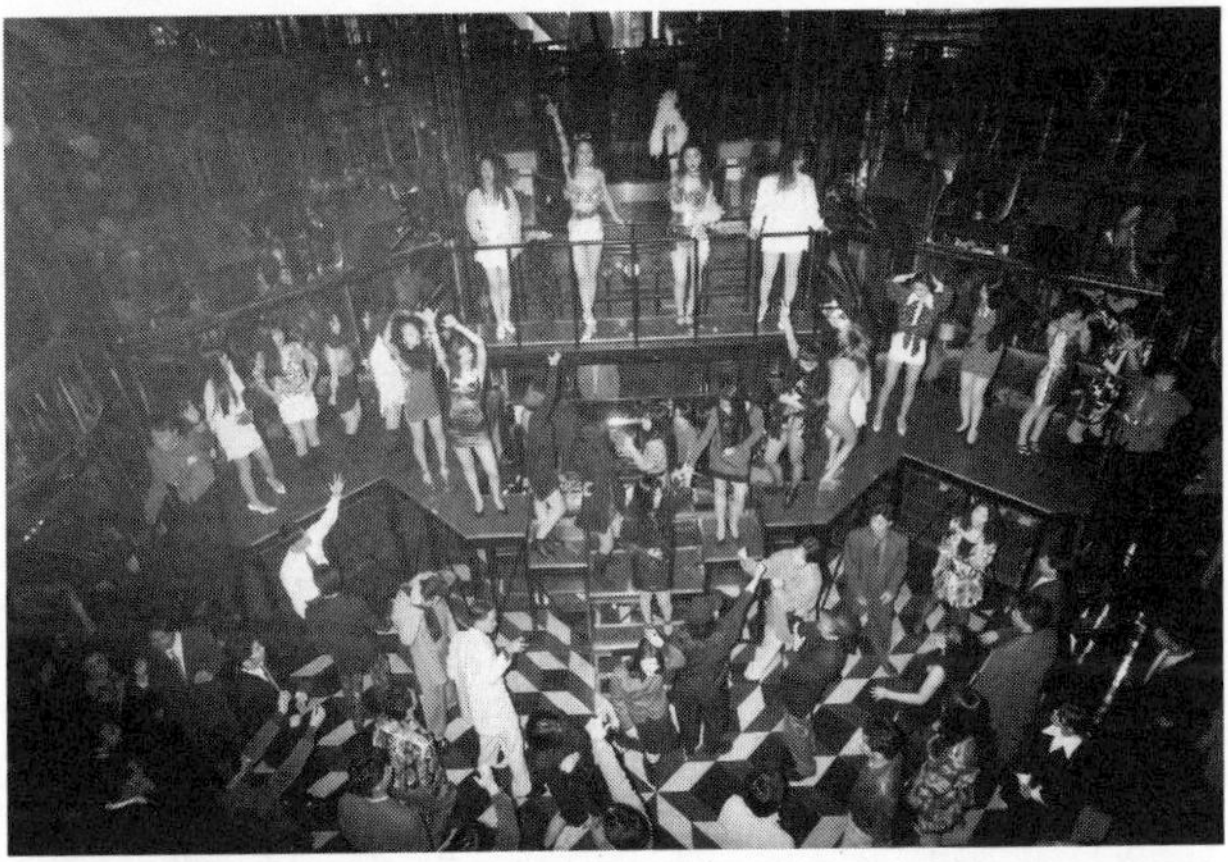

1994年1月、博多マハラジャにて。ワンレン、ボディコン姿の女性たちがディスコで踊る景色はバブルの象徴とされたが、実はバブル崩壊後のことだった（提供：共同通信社）

ければ手放すだろうと新しい税制度を取り入れたことが挙げられます。

そして三つめが金利の引き上げです。先に述べた、二・五パーセントだった公定歩合を段階的に引き上げ、一九九〇年八月には六パーセントとしたことで、高い金利を払ってまで土地を買いたいという人がいなくなりました。

問題は、これら三つの政策を同時に行なったこと。需要と供給のバランスが崩れて、地価は一気に大暴落（バブル崩壊）し、銀行が融資に当たって担保にしていた土地の値段が下がって担保価値が減少します。銀行は膨大な不良債権を抱えることになりました。企業は借りたお金を返せず、銀行は貸したお金を回収できない。それでも、崩壊直後は、それほどの危機感はありませんでした。

ところが、不良債権がだんだん積み重なってくると、金融機関がおかしいという話が出てきます。一九九五（平成七）年には、マスコミが「住専問題」を大々的に報じました。経営不振に陥った住宅金融専門会社を救済するために公的資金、つまり国民の税金を投入する政府の方針に対する国民の怒りが爆発。以後、政府は金融機関救済のための公的資金投入をためらうようになり、金融機関の経営状態が一段と深刻になるまで対策を取れませんでした。

戦後の日本は金融機関を潰さない方針だったのに、もしかしたら危ないのではないかという不安――。それがだんだん忍び寄ってきて、これからどうなるのかと思い始める。一九九七（平成九）年十一月、ついに都市銀行として初めて北海道拓殖銀行が経営破綻《はたん》、その一週間後には名門証券会社の山一證券が自主廃業に追い込まれ、翌年には日本長期信用銀行、日本債券信用銀行も破綻しました。金融ビッグバンが起こり、グローバル化が進むなかで、戦後日本の金融システム、いわゆる「護送船団方式」が崩れていったのです。

このように、バブル崩壊後の日本社会には、そこはかとない不安、芥川龍之介が言う

「ぼんやりした不安」の現代版のようなものが、世の中に充満していました。絶対だと思っていたものが、あっけなく崩壊する。これまでの常識から離れたものにすがりたい。

そんなときに、人を惹きつける「何か」を持っていたのがオウム真理教だったのではないか。「宗教」が日本でも復活しました。特に若い人たちは、伝統的な日本のモラルが失われて、それを埋めるものがないときに、オウムなど新興宗教と言われるものが埋めてくれるのではないかと思って、そこに飛びついたのです。

地下鉄サリン事件の衝撃

一九九五（平成七）年という年は、多くの人にとって「激動の平成」のなかでも忘れられない年だと思います。一月十七日に阪神・淡路大震災、三月二十日にオウム真理教による地下鉄サリン事件が起きました。終戦から五十年後のこの年、大惨事が相次いだのです。

とりわけオウム事件は、日本社会にとって大きな衝撃でした。バブルがはじけてデフレとなるなか、世紀末が近づき、阪神・淡路大震災が起きてさらに人々に不安が広がった。そこに付け入るかたちで急激に勢力を伸ばしていたのがオウム真理教です。

オウム真理教は、麻原彰晃《あさはらしょうこう》（本名・松本智津夫）が開いた新興宗教集団で、ヨガ道場に始まり、一九八九（平成元）年に宗教法人の認証を受けました。その教団が、猛毒サリンを使ったテロ事件を二度起こします。最初は、一九九四（平成六）年六月二十七日の深夜から翌朝にかけて起きた松本サリン事件です。

事の発端は、長野県松本市に自分たちの施設をつくろうとしたオウム真理教に対し、反対住民が訴訟を起こしたことです。裁判で負けそうだと考えた麻原は、裁判官官舎に向けて風上からサリンを散布するように教団信者に指示。しかし官舎までは届かず、手前のアパートの住民ら計八人が犠牲になりました。この事件は、世界で最初の一般市民に向けた化学兵器による無差別テロとされます。

そして二度目が、松本サリン事件からおよそ九ヵ月後の一九九五年三月二十日、東京都心で発生した地下鉄サリン事件です。朝の出勤時間を狙って丸ノ内線、日比谷線、千代田線の地下鉄車内でサリンが撒かれ、乗客・駅員ら計十三人が死亡、六千人以上が負傷する大事件でした。

その二日後、警視庁は目を付けていたオウム真理教の教団施設を強制捜査し、やがて山梨県上九一色村《かみくいしきむら》の教団施設「サティアン」から、サリン製造を裏付ける物質を検出。麻原

1995年3月20日午前、サリンが撒かれた築地駅から地上に運び出される乗客たち（提供：朝日新聞社）

彰晃ほか、事件に関係した教団信者が次々に逮捕されました。

オウム真理教が無差別テロを行なう動機はいったい何だったのか――。当時、私は事件を取材する過程で、自分なりに教団の教義や修行の内容を詳細に調べました。オウム真理教の教義は、ヒンドゥー原理主義をベースにして、チベット仏教の修行体系を取り入れています。さらには「ハルマゲドン」というキリスト教の概念まで持ち込んでいました。

当初、多くの一般信者は教義に沿って真面目に修行していたようです。しかし、ある時期から姿を変えました。国家にまで影響を及ぼそうと教団拡大を目指すようになったのです。

一九九〇（平成二）年、麻原は「真理党」を結成し、自身を含めた教団幹部二十五人が衆議院議員選挙に出馬します。お面をかぶったり、ダンスパフォーマンスをしたりする選挙運動を繰り広げましたが、全員落選。そこで、世の中を変えるには武力革命しかないと決意したのではないか。麻原は、政教一致の国を本気でつくろうとしていたように思えます。

ではなぜ、そんなオウム真理教に多くの若者が入信したのでしょうか。背景には、バブル景気とその崩壊の裏で確実に募っていた「生きづらさ」がありました。若者にとって、一九五〇〜七〇年代は学生運動がある種の救いの場でした。自分たちが世の中を変えられるかもしれないという希望をもって、政治的な運動に身を投じたのです。しかし政治の季節が終わって、キャンパスが空白地帯となり、若者にとっての救いの場がなくなってしまった。

そこに現れたのが、オウム真理教をはじめとする新興宗教でした。既存の宗教とは違う、新しい価値観の登場は魅力的に映ったのでしょう。洗練された勧誘の手法で、仲間を求める者、社会に不満を抱く者の心へと深く入り込んでいったのです。

その後、二〇一八年七月になって、死刑判決が確定していた麻原ら十三人全員が死刑となりました。政府は、「平成に起きた事件は平成のうちに決着させたい」と考えたようですが、多数を一挙に死刑執行したことに対して、死刑を廃止しているEU（欧州連合）などから批判を受けました。

アメリカ同時多発テロとIS誕生

平成日本で起きたオウム真理教による地下鉄サリン事件は、新興宗教団体が一般市民を標的にした無差別テロ事件でした。それから六年後の世界で、二十一世紀最初の年に同じく宗教に根差した無差別テロ事件が起こります。アメリカ同時多発テロ事件です。

二〇〇一（平成十三）年九月十一日、イスラム過激派のテロリストたちが四機の旅客機を乗っ取りました。目的は自爆テロです。そのうち二機が世界貿易センタービルに突入、三機目は国防総省本庁舎（ペンタゴン）に激突し、四機目はペンシルベニア州ピッツバーグ郊外に墜落しました。このテロ事件による死者はおよそ三千人にのぼり、日本人も二十四人が犠牲になりました。

事件直後、アメリカのジョージ・W・ブッシュ大統領は「テロとの戦い」を宣言。当時

2001年9月11日、2機の旅客機が突入して炎上する世界貿易センタービル（提供：ロイター＝共同）

アフガニスタンを実効支配していたイスラム原理主義勢力のタリバンが、テロの首謀者とされたオサマ・ビンラディンをかくまっているとして、その引き渡しを求めます。しかしタリバンが拒否したことで、ブッシュはアフガニスタンを攻撃し、タリバン政権は崩壊しました。

次にブッシュが矛先を向けたのがイラクです。二〇〇三（平成十五）年三月、「フセインは大量破壊兵器を持っている。これがテロリストに渡ったら大変だ」という理由から、イラク戦争を始めました。大量破壊兵器とは、核兵器、生物兵器、化学兵器を指します。アメリカ同時多発テロ事件を受けて、当時アメリカが

「テロ支援国家」と定めていた七ヵ国（イラン・イラク・シリア・リビア・スーダン・キューバ・北朝鮮）のうち六ヵ国はテロを非難する声明を発表しましたが、イラクだけは出しませんでした。アメリカのイラクに対する敵意が、これでエスカレートしたと言われています。

戦争はわずか三週間ほどでアメリカが勝利し、フセイン政権は倒れました。しかし、攻撃理由にあった「大量破壊兵器」は見つかりません。そこでブッシュ大統領は、イラク攻撃の理由を「フセインの圧政からイラク国民を解放するためだった」と軌道修正します。そうなると、当然次のような疑問が湧いてきます。「イラク戦争は、果たしてアメリカが起こした正義のための戦争だったのか」と。今では、「イラクでの石油採掘権などの利権が欲しかったから」という説が有力となっています。

ブッシュ大統領がイラクで犯した最大の過ちと言われるのが「バース党員の公職追放」です。フセイン政権はバース党（アラブ社会主義復興党）の一党独裁で、役所の職員も学校の先生も、医者も看護師も軍隊の幹部も警察官も、バース党員でないと就くことはできませんでした。しかし公職追放の命令が出たことで、誰も職場に出てこなくなった。一夜にしてイラクの統治機構が崩壊してしまったのです。

イスラム教徒は、大きく「スンニ派」と「シーア派」に分かれます。スンニ派が全体の約九割で、シーア派が約一割を占めますが、イラクではスンニ派が少数派で、フセインもバース党員の多くもスンニ派です。フセイン政権下のイラクでは、多数派のシーア派が抑圧される立場にありました。

そこに届いた「バース党員の公職追放」の報は、シーア派にしてみれば絶好のチャンスです。統治機構が崩壊し、無政府状態となったイラク国内でシーア派によるスンニ派攻撃が始まります。スンニ派も反撃します。こうしてイラクは内戦状態となり、周辺の国からも過激派組織が次々と入り込んでくる。権力の空白が生まれたことで、イラクがテロリストの巣窟《そうくつ》と化していったのです。

そうしたなかで、イラクのスンニ派の過激派組織がもとになって誕生したのが、自称「イスラム国」(IS)です。ISは、当初はISIS(「イラク・シリアのイスラム国」)という組織で、内戦状態にあった隣のシリアに介入して大勢力を築き、大量の武器を手に入れました。そして二〇一四(平成二十六)年六月、シリア東部からイラク北西部を制圧し、組織名から「イラク・シリアの」の部分をはずして、「イスラム法に則《のっと》る唯一のイスラム国家」ISの樹立を一方的に宣言します。

二〇一八（平成三十）年夏現在は、支配地域を失ったという点においては壊滅状態とされるＩＳですが、最盛期にはイギリスと同じくらいの面積を支配し、多数の住民を擁していました。つまり「イスラム国」と名乗っているように、国家としての三要素のうちの二つ――「領土」と「国民」は実在していたのです。ただし、「他国からの承認」という、もう一つの要素だけは欠如していた。ＩＳを国家として承認した国はありませんが、実際にはさまざまなインフラを整備し、税金を取る仕組みも機能していました。

その「国」に戦闘要員として、世界中から若者が続々と集まってきた。彼らはなぜやってくるのか？　そこに私は、現代日本が抱える問題との共通点を見出します。

世界の若者が抱く「生きづらさ」

世界中の若者がどういう理由でＩＳに集まるかと言えば、初期はもちろんＩＳの掲げる理想（統一的なイスラム国家の建設）に惹かれてやってきた人が多かったでしょう。しかし、それが次第に変化してきます。自殺願望のある若者が大勢集まってくるようになったのです。

先に、オウム真理教に入信した若者は「生きづらさ」を抱えていたと述べました。ＩＳ

の若者も同じです。彼らもまた「生きづらさ」から解放されることを願っていた。たとえば、欧米のキリスト教社会にはイスラム圏から移住した人たちが大勢います。その二世、三世たちは、そこで生まれ育ったにもかかわらず、差別をされたり、あるいは就職先がなかったりして、自分の居場所がないという気分に陥っています。

そうした若者にとって救いになるのは「自爆テロをすれば天国に行ける」という思いでしょう。イスラム教では、キリスト教と同様に自殺はいけないとされています。しかし『コーラン』には、ムハンマドが周りに集まった者たちに対し、神の声として次のような趣旨を伝える一節があります。

「戦争で聖なる戦いのために死んだ者のことを嘆き悲しむ必要はない。彼らは今アッラーのもとにいて、十分な施しを受けている」

これは、解釈の仕方によっては危険です。「そうか、自殺はいけないけれども、ジハードで死ねばすぐに天国に行けるんだ――」と思ってしまうからです。

ユダヤ教もキリスト教もイスラム教も、人は死んだらまず土葬され、この世の終わりが来るのを待ちます。世界の終わりが来たとき、土葬されていた者たちはみな自らの肉体をもってよみがえり、神の前に引き出されて、生前の行ないが良いか悪いか秤にかけられ、良ければ天国へ行き、悪ければ地獄に落ちるとされています。要するに、通常は死んでから天国に行くまで非常に時間がかかるのです。

でも、ジハードで死ねば、ただちに天国に行ける。地上にいても何も面白いことがないし、生きている実感もない――そう思いながら、自爆テロに身を投じるまさにそのとき、彼らは「生きている」ことを実感するのではないか。

では今、世界を震撼《しんかん》させるイスラムの過激化、若者の自爆テロというものはいつ始まったのか。先に見た二〇〇一（平成十三）年のアメリカ同時多発テロが一つの契機であることは間違いありません。それは、国際テロ組織アルカイダをつくったオサマ・ビンラディンが、部下たちをテロ要員としてアメリカに送り出して起こしたものでした。

そのアルカイダとはいつできたのか。またビンラディンはなぜアメリカに憎しみを抱いたのか――。その原因を遡《さかのぼ》ると、一九七九（昭和五十四）年という年が浮かび上がってきます。

ターニングポイントは一九七九年

一九七九（昭和五十四）年と言えば旧ソ連の末期、ソ連軍がアフガニスタンに侵攻した年です。一九七〇年代前半までのアフガニスタンは、おだやかなイスラム教徒の王国で、ソ連の脅威になる国ではありませんでした。しかし一九七三（昭和四十八）年に王政が倒れ、一九七八（昭和五十三）年には軍部によるクーデターが起こって党派抗争が激化するなかで、かつてアメリカ留学の経験をもつ人物が権力を掌握《しょうあく》します。親米政権が誕生することを恐れたソ連は、いっそのこと武力で自分たち寄りの国にしてしまおうと考え、アフガニスタン侵攻を開始したのです。

これに反応したのが周辺のイスラム教徒の若者たちでした。ソ連と戦ってイスラムの土地を守ることはジハードであるとして、中東各地から「ムジャヒディン（聖戦士）」と呼ばれる若者たちが集結します。このとき、サウジアラビアから参加したのがビンラディンでした。彼は各地から集まった兵士たちの名簿をつくり、その組織がのちの「アルカイダ」となります。ちなみにアルカイダとは、アラビア語で「基地」という意味です。

アメリカはこのムジャヒディンを支援します。「なぜアメリカが？」と思われるかもしれませんが、その理由は、彼らがアメリカの敵であるソ連と戦う兵士たちだったから。ということは、ビンラディンを育てたのはアメリカとも言えるのです。

結局ソ連は一九八九（平成元）年に撤退しますが、その後アフガニスタンは内戦状態に突入します。ビンラディンは英雄として一九九〇（平成二）年に一度サウジアラビアに戻りますが、その翌年に今度はイラクがクウェートに侵攻しました。湾岸危機です。

それに対して危機感を抱いたのが、両国と国境を接するサウジアラビアでした。

イラクは、クウェートの次はサウジアラビアに攻めてくるのではないか――。そう危惧《きぐ》したサウジアラビアは、アメリカに救援を要請し、アメリカ軍がサウジアラビアに駐留するようになります。これに猛反発したのがビンラディンです。サウジアラビアには、メッカ、メディナという、イスラム教の二大聖地がある。その地に異教徒の軍隊が存在することが彼には許せなかったのです。国王を批判するようになったビンラディンは国外退去処分となりました。そこで、かつて一緒に戦った仲間たちがいるアフガニスタンへと向かったのです。

また、一九七九年にはもう一つ大きな出来事――イラン・イスラム革命が起こっています。

革命前のイランはパフラヴィー朝（パーレビ国王）の独裁政権で、アメリカの支援のもとに近代化を図っていました。しかし、今で言うグローバリズムのかたちで資本主義経済を急激に導入したことから貧富の差が拡大し、イスラム教の教えを守らない人も増えてしまいました。

事態を憂慮したイスラム教の指導者たちは、「古き良きイスラムの教えと伝統を忠実に守る国をつくろう」と立ち上がります。一九七八年より国内各地で大規模な反政府デモや暴動が起こり、翌年一月に国王は国外へ逃亡、代わりにフランスに亡命中だったホメイニ師が帰国し、彼を最高指導者とするイスラム国家体制がここに樹立されました。

一九七九年、ソ連のアフガニスタン侵攻がのちにテロ集団となるイスラム過激派を生み、アメリカのグローバリズムに対する反発からイラン・イスラム革命が成立した——。今、世界を二分する対立の図式は、ここに起源があるのではないかと思います。

日本はテロ先進国だった

イスラム過激派にはいろいろな組織がありますが、「自分はイスラム教徒である」という自覚は、イスラム世界のなかで暮らしているかぎりは、なかなか生まれません。周りがすべてイスラム教徒だからです。たとえばアメリカに留学し、キリスト教社会に触れてはじめて、「ああ、そうか、自分はイスラム教徒なんだ」と気づかされる。自覚的なイスラム教徒になります。そこから、一部の人たちは非常に原理主義的な思想を持ち、それがやがて過激な思想につながり、テロに走る場合があります。

日本人はよく、「世界各地ではテロが起きているけれど、日本は平和だからいいよね」という話をしますが、先日テレビで「いや、実は日本はテロの先進国だったんですよ」と言ったら、みんなびっくりしていました。

たとえば、三菱重工爆破事件。これは一九七四(昭和四十九)年、東京のビジネス街、丸の内の仲通り、通称「三菱村」で起きた爆弾テロ事件です。死者八人、重軽傷者三百八十人を出しました。実行犯は反戦を訴える過激派組織・東アジア反日武装戦線「狼」、なぜ三菱重工業を狙ったかと言えば「日本の防衛産業の中核」という認識からでした。

あるいは、テルアビブ空港乱射事件。一九七二(昭和四十七)年、日本赤軍幹部ら三人の日本人が、パレスチナの過激派組織PFLPと連帯して世界革命をもくろみ、イスラエル・テルアビブのロッド空港で無差別銃撃事件を起こしました。死者二十六人、負傷者七十三人、日本赤軍側も二人が死に(一人は射殺、一人は自爆したとされる)、一般市民を巻き込んだ前代未聞の事件として全世界にニュースが流されました。考えてみれば、これは現代版自爆テロのさきがけとも言えます。

さらに言えば、一九七〇(昭和四十五)年のよど号ハイジャック事件は飛行機を乗っ取ったテロですし、オウム真理教による地下鉄サリン事件は毒物テロ、二〇〇〇(平成十二）年以降のものでも、人ごみにトラックで突っ込んだ秋葉原通り魔事件（二〇〇八年）などは車両を使った無差別テロと言うことができます。

もしかすると、日本人の過激派が起こしたこうしたテロ行為が、「こんなやり方があるのか」とイスラム過激派に知らしめてしまったのかもしれません。9・11アメリカ同時多発テロが起きるまで、イスラム世界においていわゆる自爆テロというものは、ほとんどありませんでした。ちなみに、「自爆テロ」というのはこちら側の言い方で、彼らは「殉教攻撃」と言います。すなわち「イスラムの教えに殉じて死ぬ」ということ。

二十一世紀に入って、イスラム過激派が世界でさまざまなテロ事件を起こしています。それ以前は、過激な共産主義の理想を持ち、その大義に殉じようと思った若者たちがテロを行なっていました。そう考えると、イスラムが過激化したのではなくて、過激派がイスラム化したのではないか――そうした見方もできるのではないかと思います。

私の学生時代には、至るところに過激派がいました。本書を執筆する四人が教壇に立つ東京工業大学でも、かつて無期限ストライキがありました。一九六九（昭和四十四）年二月から七月にかけて、学生寮の規約をめぐって学生たちが無期限ストライキに突入しました。学生たちが教室から机や椅子を持ち出し、正門にバリケードを築いて教職員を追い出したのです。このように、少しでも問題意識を持ち、あるいは「生きづらさ」を感じる者が、簡単に共産主義の過激派になっていく時代があったのです。今はそれが、イスラムの過激派になっていると言えるのかもしれません。

トランプ支持者の「緩慢な自殺」

さて、ここまで、グローバル化のなかでの「生きづらさ」ゆえに、自爆テロによって生を見出すという若者の心理について語ってきました。そこで少し視点を変えて、イラクやシリアの内戦で実際に戦っている兵士や、戦火から逃れようとする避難民はどうかと言えば、彼らは自殺しません。非常に逆説的ですが、戦争の只中にいる人たちは生きることに必死だから、生に対する渇望が強いのです。

平和になって、目標を失った人たちが大勢生まれるところから自殺が始まるという現実があります。

だから逆に「生きづらさ」を抱える人が戦場に行けば、アドレナリンが分泌されて、自分が「生きている」ことを実感する。私も戦場に取材に行くとアドレナリンが出るのを感じます。「ああ、これが一番危険なんだな」と思う。と同時にそういうものに憧れを抱くこともあるのではないか。

実は今、アメリカ中西部の白人男性の平均寿命が下がっているのをご存じでしょうか。『ヒルビリー・エレジー――アメリカの繁栄から取り残された白人たち』（二〇一七年翻訳、光文社）という、アメリカでベストセラーになった本があります。

ヒルビリーとは「田舎者」の蔑称で、「ラストベルト（さびついた工業地帯）」付近で生活する貧しい白人労働者階級の姿を描いたものです。そこでは、まさにトランプを支持したような人たちが、仕事がない、生きる目標がない、というなかで薬に手を出している。

特に問題になっているのは鎮静剤です。さすがにコカインとなると犯罪に関わってくるので、鎮静剤を大量に服用する。それによって大勢の人たちが死んでいる。つまり彼らは、自殺はしないけれども、鎮静剤を服用することによって病死に至るという、いわば「緩慢な自殺」を行なっているのです。

この本の著者は、そのヒルビリーに属しながら、ほかの大多数の若者とは異なる――つまり、薬物中毒者にならない――人生をつかみ取りました（イェール大学のロースクールを卒業後、弁護士。現在はシリコンバレーで投資会社の社長）。代々貧困を重ねる「スコッツ＝アイリッシュ」の家系に育った彼の運命を変えたのは、厳しくも愛情深い祖母がいたこと、そして海兵隊に入隊したことでした。軍隊での過酷な訓練が、「自分の選択なんて意味がないという思い込み」から彼を解放してくれたというのです。

アメリカの軍隊は、貧困層の雇用の受け皿になっているとも言われます。先の話にもつながりますが、戦場で人は自らの命を絶とうとはあまり考えません（もちろん、戦中の日本のように、最悪の状況に陥ってしまった場合の集団自決などはありえますが）。『ヒルビリー・エレジー』の著者にとって、一時期の軍隊経験が貧困スパイラルを抜け出すきっかけになったというのは、なかなか興味深い事実です。どうしてトランプ・フィーバーが起こったか――。アメリカの繁栄から取り残された白人労働者の実態を知る良き参考書です。

リーマン・ショックと東日本大震災の影響

日本に目を移しましょう。二十一世紀に入った二〇〇一（平成十三）年四月、日本では小泉純一郎内閣がスタートしました。国民の圧倒的な支持を得て、その後五年半にわたって首相を務めた小泉氏ですが、「構造改革」と呼ばれる、彼の政権がとった政策が日本の格差を拡大したとも言われます。

「構造改革」とは、「民間にできることは民間に」を合言葉に、郵政三事業や道路公団の民営化、公共事業費削減などに取り組んだ改革です。「企業や富裕層が豊かになれば、社会全体が豊かになる」という考えが背景にありました。その結果がもたらしたものは貧富の二極化でした。なかでも二極化を進めたとされるのが、労働者派遣法の改正（二〇〇四年）など、労働市場の規制緩和です。低い賃金で働く派遣労働者が急増し、それまで正社員が多かった工場労働者にも派遣が認められ、同じ仕事をしていながら、所得格差が広がっていったのです。

そこに追い打ちをかけたのが二〇〇八（平成二十）年に起きたリーマン・ショックです。アメリカの大手投資銀行のリーマン・ブラザーズが経営破綻。その影響はアメリカだけでなく各国に飛び火し、百年に一度という金融恐慌が世界を襲いました。

当然、日本も影響を免れません。自動車の生産が激減し、その煽りを受けたのが派遣社員などの非正規労働者です。正社員を解雇するときは三十日前に通告する義務がありますが、派遣社員にはその必要はありません。突然、契約の更新をしないというかたちで契約を打ち切られる「派遣切り」に遭う人が続出しました。東京・日比谷の「年越し派遣村」が大きな注目を集めたことは記憶に新しいと思います。

そして二〇一一（平成二十三）年、日本はかつてない大災害に見舞われます。三月十一

2011年4月、宮城県南三陸町にて。3月11日の大津波で破壊された防災庁舎2階から消滅した町を見る（提供：朝日新聞社）

日に起きた東日本大震災と、その後の原発事故です。マグニチュード九・〇、観測史上日本最大の地震が三陸沖で発生し、東北地方と関東地方の太平洋沿岸を大津波が襲いました。津波の猛威は一瞬にして一万五千人以上（行方不明者を含めると約一万八千人）の命を飲み込み、福島第一原子力発電所では停電後に非常用発電機が水没して全電源喪失。原子炉を冷却することができなくなり、燃料棒が高熱となり、「炉心溶融（メルトダウン）」が起きました。

原発周辺の福島県浜通り地方を中心に住民が一斉避難し、七年以上が経過した今もなお六万人もの人が避難生活を余儀なくされています。震災当時は民主党政権でしたが、このときの対応の不備なども影響して信頼を失い、二〇一二(平成二十四)年の衆議院選挙で自民党が圧勝、第二次安倍晋三内閣が発足しました。

「安倍一強」体制のゆくえ

安倍首相は長期にわたるデフレからの脱却を最大の課題とし、その処方箋として「アベノミクス」を提唱。「異次元の金融緩和」「機動的な財政出動」「成長戦略」という「三本の矢」と呼ばれる政策を推し進めました。結果、株価は上がり、安倍政権誕生時は約一万円だった日経平均株価は二〇一五(平成二十七)年四月には一時的に二万円を突破しました。また、数字の上では失業者も減りました。

しかし、景気回復の実感をあまり得ていない人が多いようです。その理由は、企業は儲かっているのに従業員の給料は上がらないということもあるでしょうし、雇用が不安定な非正規労働者が増えただけという事情もあるでしょう。株式投資をしている人は、アベノミクスによって豊かになったかもしれない。でも、それ以外の人は自分の生活が豊かになったという実感を持ってはいない。格差が広がっているというのが実情です。

そして六年目を迎えた安倍政権は、森友学園と加計学園の、いわゆる「モリカケ問題」で揺れました。

森友学園は、系列幼稚園で園児に教育勅語を暗唱させていた学校法人ですが、新たに小学校を建設する際、国有地が八億二千万円も値引きされて売却されたことがわかり、大問題になりました。前理事長の籠池泰典氏は、もとは安倍首相の支持者で、新しい小学校の名誉校長には首相夫人の安倍昭恵氏が就任していました。国有地を管理する官僚が首相に忖度《そんたく》して、不当な値引きが行なわれたのではないかとされたのです。

もう一つの加計学園は獣医学部新設をめぐる問題で、学園理事長の加計孝太郎氏が安倍首相の「お友だち」であることが疑惑の発端です。獣医学部に関しては、これまで五十二年もの間、新設が認められませんでした。獣医師の数は足りているとして、新設の申請を文部科学省が認めてこなかったのです。ところが二〇一七（平成二十九）年一月、アベノミクスの一環の国家戦略特区の事業として、加計学園の獣医学部新設が認められました。そこには「総理のご意向」があり、それに従って不当な手続きがなされたのではないかと批判を集めたのです。

「安倍一強」体制が続いたことで、霞が関の官僚たちには忖度の意識が広がり、このような事態を招いたとされています。

しかし、国会でのモリカケ問題の論議が続いても、国民の反応はいまひとつ。国民の間では、「どうせ怒ったところで」という諦《あきら》めの意識が沈着したのでしょうか。いままた閉塞感が強まっていることは確かです。

宗教界の新たな動き

以上見てきたように、私たちを取り巻く社会はさまざまな問題を抱えています。それらの問題の根底には、日本でも世界でも、若者を中心にして広がる「生きづらい」という感覚が大きく関係しているのは見過ごせない事実でしょう。

では、その「生きづらさ」のなかでどう生きていけばよいのか――。残念ながら、一律の処方箋はありません。ただ、救いの一つになりうるものとして、やはり「宗教」の力は無視できないのではないかとも思います。

たとえば、私はこれまで、チベットの精神的指導者のダライ・ラマ十四世に五回会って話を聞いています。そのたびに驚かされるのが、チベット仏教の信者たちの心の平静ぶりです。彼らには、輪廻転生《りんねてんしょう》、つまり「自分の命は永遠なんだ」という思いがある。今はかりそめの人生で、そのあとがまたあると信じていれば、簡単なことでは絶望しないのかもしれません。「永遠の命」という思いが心の平静をもたらす。宗教というものは、仏教でもキリスト教でも、本来はそのようなものだったのではないでしょうか。

とりわけ日本では超高齢社会となり、もっとも人口の多い団塊の世代（一九四七〜四九年生まれ）が今年六十九〜七十一歳になります。そうした人たちが、自分はどのような人生を生きてきたのかを振り返り、どのような死を迎えるのかと考えたときに、宗教が何かできることがあるのではないか……。

私は、海外で「宗教は何を信じているのか」と聞かれるたびに「仏教だ」と答えますが、科学的な視点から見れば輪廻転生を信じることはできません。でも「永遠の命とは何だろうか」と考えてみると——私が死んだら私自身は原子のレベルにまで還元され、それがまた集まって別の生命体になるのではないか。そういうかたちで、私を構成していたものは、この宇宙が存在するかぎり存在し続けるのではないか——というように思うことで、何とか自分を納得させたりもしています。本当に納得できるかどうかは別にして、「永遠の命のなかで自分の存在を考えていく」ということが一つありえるのかなと思っています。

一九九五（平成七）年のオウム事件のとき、既存の宗教はいったい何をしていたのかと批判が起こりました。それから十六年後の二〇一一（平成二十三）年、東日本大震災を経て日本の宗教界に新しい動きが現れたことも事実です。大勢の人が犠牲になり、家族を失ってしまった、あるいは遺体が見つからないというときに、さまざまな宗派の僧侶たちが自発的に現地へ行き、一緒に祈りを捧げました。宗派を超えた仏教徒が大挙して震災現場に赴き、遺族に寄り添うかたちで魂の救済を行なったのです。

バブル崩壊、オウム事件、金融機関の破綻などに始まった「失われた二十年」を通して、危機的状況のなかで宗教者は何ができるのかということを宗教者自身が改めて考えるようになったのではないか——そんなふうに思います。

また宗教者以外にも、若者をはじめとする多くの人たちが、ボランティアとして被災地を訪れました。学校や仕事の休みに、あるいはそのために休暇を取って行く人もあれば、自分の生活の拠点を被災地に移し、長期的な活動を行なっている人もいます。

日本の宗教者たちはどのようにして目覚めていったのか。また、なぜ多くの人がボランティアに赴いたのか。こうした点については、それぞれ専門に研究されている弓山さん、上田さんにこのあと詳しく解説してもらいましょう。

2018年1月2日、一般参賀に集まった人たちに向かって手を振る天皇・皇后両陛下と皇太子さま（提供：朝日新聞社）

天皇退位、そして次の時代へ

そして来年、二〇一九年四月三十日をもって、平成が終わります。そのきっかけになったのは、二〇一六（平成二十八）年八月八日、天皇が国民に向けて発した次のようなお言葉でした。

「既に八十を越え、幸いに健康であるとは申せ、次第に進む身体の衰えを考慮する時、これまでのように全身全霊をもって象徴の務めを果たしていくことが、難しくなるのではないかと案じています」

「象徴の務め」とは何でしょうか。天皇の仕事には、主に国事行為と公的行為があります。たとえば、総理大臣の任命、勲章の授与といった国事行為については憲法に記されています。衆議院の解散や国会の召集も、大臣や大使の任命も、条約を公布するのも天皇の仕事です。つまり、天皇がいなければ国家が機能しません。それに対して、被災地の訪問や戦争犠牲者の慰霊といった公的行為は、どこにも定められていません。要するにこちらは、今上天皇自身が、自らの「務め」と考えてきたわけです。

明治・大正・昭和の日本では、巨大災害に見舞われても、天皇は宮中で祈るのが基本でした。しかし今上天皇は、直接被災者のもとへ赴かれたり、戦場となった場所を訪れたり、犠牲になった人の慰霊を続けたりしてこられました。もちろん、ふだんは皇居内で祈っていますが、緊急事態の際には皇后陛下と現地に赴き、祈りを可視化することで人々の心に寄り添ってきました。

東西冷戦終結とともに幕を開けた平成は、テロや災害が相次ぎ、決して平らかに成るとは言えない三十年でした。しかし、その間に起きたことは、もとをたどるとすべてが過去につながっています。現在、そして未来を考えるとき、過去から学ぶことはたくさんあります。平成の次の時代をしっかりと生きるためにも、今改めて平成を振り返っておくことは必須なのです。

平成史 関連年表

西暦	平成	日本の出来事	世界の出来事
1989	元	1月 昭和天皇崩御、平成のはじまり 4月 消費税導入（税率3％） 12月 日経平均株価・終値最高値	2月 ソ連軍、アフガニスタンから撤退完了 6月 天安門事件 11月 ベルリンの壁崩壊 12月 マルタ会談（東西冷戦の終結）
1990	2	3月 総量規制開始	8月 イラク、クウェート侵攻 10月 東西ドイツ統一
1991	3	この年、バブル崩壊、「失われた20年」へ	1月 湾岸戦争勃発 6月 ユーゴスラビア内戦はじまる 12月 ソ連崩壊
1992	4	6月 PKO協力法成立 9月 自衛隊カンボジア派遣 10月 東京佐川急便事件	6月 リオデジャネイロで地球サミット開催
1993	5	6月 皇太子徳仁親王ご成婚	1月 アメリカ大統領にクリントン就任

1993	5	7月 第40回総選挙の結果、55年体制崩壊 8月 河野談話 細川連立内閣誕生	8月 イスラエルとPLOがオスロ合意 11月 マーストリヒト条約発効でEU誕生
1994	6	6月 松本サリン事件 「自社さ」連立政権・村山内閣誕生 8月 ジュリアナ東京閉店	5月 南アフリカ大統領にマンデラ就任
1995	7	1月 阪神・淡路大震災 3月 地下鉄サリン事件 5月 オウム真理教の麻原代表逮捕 8月 村山談話 11月 Windows95 日本語版発売 この年、住専問題が話題に	1月 世界貿易機関（WTO）発足 11月 イスラエルのラビン首相暗殺
1996	8	4月 普天間基地返還合意 10月 第41回総選挙で小選挙区比例代表並立制導入、自民党勝利	
1997	9	この年、金融ビックバンはじまる 2~6月 神戸連続児童殺傷事件 4月 消費税5%に引き上げ	

		11月　北海道拓殖銀行、山一證券などが経営破綻	7月　香港返還
1998	10	2月　長野冬季五輪開催	4月　北アイルランド紛争終結
1999	11	この年、自殺者数が3万人を超える 8月　国旗国歌法成立 9月　東海村ＪＣＯ臨界事故	1月　通貨ユーロ誕生 12月　ロシア大統領代行にプーチン就任（翌年、大統領就任）
2000	12	4月　介護保険制度開始 7月　沖縄サミット開催	
2001	13	1月　中央省庁再編 4月　小泉政権誕生	1月　アメリカ大統領にブッシュ就任 9月　アメリカ同時多発テロ 10月　アメリカとイギリスがアフガニスタン攻撃
2002	14	5月　サッカーワールドカップ日韓共同開催	1月　ユーロ使用開始

2002	14	9月　小泉首相訪朝 10月　北朝鮮拉致被害者帰国	10月　ロシア、モスクワで劇場占拠テロ事件
2003	15	5月　個人情報保護法成立	3月　イラク戦争勃発
2004	16	1月　自衛隊、イラク派遣 4月　イラク日本人人質事件 10月　新潟中越地震	11月　ブッシュ大統領再選
2005	17	9月　郵政解散選挙で小泉自民党圧勝	11月　ドイツ首相にメルケル就任
2006	18	9月　第1次安倍政権発足	10月　北朝鮮で初の核実験 12月　イラクでフセイン処刑
2007	19	10月　郵政民営化開始	
2008	20	6月　秋葉原通り魔事件 12月　東京・日比谷に年越し派遣村	9月　リーマン・ショック
2009	21	9月　民主党政権・鳩山内閣誕生	1月　アメリカ大統領にオバマ就任 4月　オバマ大統領のプラハ演説

2010	22	9月 尖閣諸島中国漁船衝突事件	10月 ギリシャ危機 12月 ジャスミン革命、「アラブの春」へ
2011	23	3月 東日本大震災、福島第一原発事故	5月 オサマ・ビンラディン殺害
2012	24	9月 尖閣諸島国有化 12月 第2次安倍政権発足	3月 ロシア大統領にプーチン就任（2度目）
2013	25	12月 特定秘密保護法成立	3月 中国国家主席に習近平就任
2014	26	4月 消費税8%に引き上げ 7月 安倍首相、集団的自衛権を限定的容認 9月 御嶽山噴火	3月 ロシア、クリミア併合 6月 IS建国宣言
2015	27	1月 後藤健二さんら殺害事件 9月 安全保障関連法成立 12月 慰安婦問題日韓合意	1月 パリでシャルリー・エブド襲撃事件 11月 パリ同時多発テロ事件
2016	28	1月 日本銀行、マイナス金利政策の導入決定	

2016	28	4月 熊本地震 5月 伊勢志摩サミット開催 オバマ大統領、広島訪問 7月 小池都知事誕生 8月 天皇陛下、退位のご意向表明	6月 イギリス、国民投票でEU離脱へ
2017	29	2月 森友学園問題 5月 加計学園問題 6月 退位特例法成立 テロ等準備罪処罰法成立	1月 アメリカ大統領にトランプ就任 4月 米朝関係に緊張が走る
2018	30	7月 オウム真理教麻原ら13人の死刑執行	6月 米朝首脳会談
2019	31	4月30日 平成の終わり	

第2章 スピリチュアルからスピリチュアリティへ——弓山達也

日本人の宗教性を成す三つの層

私は、現代社会における宗教性やスピリチュアリティをテーマに研究しています。対象となるのは新宗教、カルト問題、スピリチュアルケア、いのちの教育などですが、本章では平成三十年間の宗教史を振り返りながら、現代社会が抱える問題点にも言及していきます。

日本で宗教を語るのは、実は意外と難しいと言えます。なぜならば、宗教を信じている人、つまり狭い意味での信仰者や宗教教団に属している人は、国民全体の一割から、多く見積もっても二割ほどしかいません。社会のなかでは信仰者・宗教者は、ある意味、マイノリティです。また同じ信仰者・宗教者でもお寺や神社の総代さんと創価学会の信者さんではずいぶんと信仰のあり方は異なり、同じ「信仰者」「宗教者」で括るのは難しい。括ってみたところで、そこから何がわかるのかというところがある。キリスト教が力強い価値観やライフスタイルのあり方を提供し、その結果、宗教を見ることで社会や時代や文化が理解できるアメリカやヨーロッパで宗教を語ることとの大きな違いがあります。

しかし、狭義の「宗教」（教団に属しているようなレベル）から「宗教性」（教団には属していないが目に見えないものを信じているというような意識のレベル）にまで範囲を広げると、後者の感覚（たとえば、死んだおばあちゃんが見守っていてくれるとか、森の木々のざわめきに何か神秘的なものを感じるとか）は多くの人に共有され、そこから見えてくるものもあります。そこで、日本の広い意味での宗教性を以下の三つの層に分けて見ていきます。

一つめの層は、いわゆる教団宗教です。お寺や神社などの伝統宗教、天理教や立正佼成会などの新宗教、あるいはカルト教団など、規模の大小はあれ教団組織を持っている宗教です。二つめの層は、ニューエイジ（精神世界）。宗教教団ほど明確な輪郭は持たないものの、何らかの精神性や、今の言葉で言えばスピリチュアリティのようなものを主導してきたカルチャーです。そして三つめは、「こころ」や「いのち」と向き合う分野で、災害や犯罪の被害の際に言われる「心のケア」といった宗教とも密接に結びつく主題を扱う一群のムーブメントです。

この三層で捉えることで、平成の日本社会における宗教の位置や、社会と宗教の相互関係が見えてくると思います。

オウム誕生とニューエイジの一般化

平成の宗教の動向を探る前に、その直前の時代における宗教の状況を確認しておきましょう。平成前夜の一九八〇年代後半という時代は、九〇年代以降の宗教史を見るうえでとても重要です。そこには二つの大きな流れがあります。

一つは、反社会的な宗教団体――ここではわかりやすくカルト教団と言いましょう――の誕生です。麻原彰晃が、渋谷のマンションで開いたヨガ道場「オウム神仙の会」を「オウム真理教」に改称し、宗教団体として旗揚げするのが一九八七（昭和六十二）年。また、のちに霊感商法で摘発される法の華三法行や本覚寺グループが宗教法人になるのも同じ八七年です。

もう一つの流れはニューエイジです。「ニューエイジ」とは、アメリカで興った個人の意識の変容や拡充を目指す思想・運動・文化のことで、ひとことで言えば「自分が変われば社会が変わる」という意識変革です。宇宙や自然、個々人を超えた大いなる生命体とのつながりが重視され、個々の気づきや覚醒が、やがて社会や地球的な規模での大きな変化につながると主張されます。その意味で極めて宗教的ですが、教団のような組織性はむしろ退けられ、目覚めた人々の緩やかなネットワークを特徴とします。

日本では一九八六（昭和六十一）年に、アメリカの女優シャーリー・マクレーンが、ニューエイジの主題である自分探し、輪廻転生、自身の癒しといった意識変容の体験を綴《つづ》ったベストセラー『アウト・オン・ア・リム』が翻訳出版（地湧社、のち角川文庫）されると、それを機に東京・渋谷の大盛堂や神保町の書泉グランデといった書店に「精神世界」というコーナーができ、ニューエイジ関連の本がドーンと置かれるようになりました。当時、私は大学院に入ったばかりでしたが、「すごく新しいものが出てきたな」と感じたものです。そこには、それまでの古い、文字通り「抹香くさい」宗教とは異なる、当時の自分探しの二十歳代を引きつける力がありました。

それはオウム真理教にも共通しています。ニューエイジの本コーナーの横に教団月刊誌『マハーヤナ』のバックナンバーが置かれ、カラーページでは私と同世代の人間が「大師」と呼ばれ、次々と修行を成就していくさまが特集されていたのが非常に印象的でした。「心の求道」「真我への旅立ち」といった文言にも惹きつけられました。

私は一九八八（昭和六十三）年に麻原彰晃の説法を聞いたことがあります。麻原は遅刻してきて、説法の時間が短くなったことに不機嫌でした。それを心配する信者たちと、早々に終了を求める会場側という緊迫感のあるなかで質疑応答が行なわれ、その後も会場を変えて近くの公園の灯りの下で夜遅くまで議論が展開されました。終了後、参加者何人かで食事を取りながら、一人が「ブッダの初転法輪ってこんな感じだったんじゃないか」

と冗談っぽく言ったとき、誰も笑わなかったのが印象的でした。

修行・瞑想という独特なかたちで個人主義を徹底的に突き詰めた麻原は、ヨガによる「神秘体験」という確固たるものを与えました。それは、冠婚葬祭中心の伝統宗教ではもちろん、ほかの既成化した新宗教でも味わえない、オウムならではの大きな魅力だったのだと思います。しかし、当時すでに教団内でリンチ殺人などの事件があったことに気づく人は、私も含めていませんでした。

では、なぜカルト教団の誕生とニューエイジの一般化が、一九八〇年代後半に同時に起こったのか。八〇年代後半と言えば、日本はバブルに沸き、世界的に見れば東西冷戦が終結したときです。当時の社会的・文化的な状況としては、もう良いも悪いも関係なく、「人に迷惑をかけなければ何をしてもいい」という価値相対主義が横行していました。

そのなかで、カリスマ的指導者の力によって価値を一つにまとめ上げようとしたのが、オウムなどのカルト教団であり、逆に「そうではない、価値はバラバラでいい。個々人の内面が重要なのであって、人それぞれ自分の生き方を追求すればいい」という方に向いたのがニューエイジでした。拠りどころを失った価値観を巡り、それを収斂《しゅうれん》させる方向と、拡散化、個人化、相対化させる方向に人々は流れた。一見すると相反する両者ですが、そ

1990年1月、「真理党」を結成し、第39回衆議院議員総選挙に向けて決起集会を行なったオウム真理教。中央ソファに座るのが麻原彰晃（提供：朝日新聞社）

の根っこには依るべき価値観・座標軸を失った「生きづらさ」の問題が深く関わっていました。

なぜ若者たちはオウムに惹かれたか

そして一九八九年一月八日、平成時代が始まります。オウムは翌年に衆議院議員総選挙に出馬し、派手なパフォーマンスで世間の耳目《じもく》を集めます。坂本弁護士事件や出家・お布施などのトラブルは報じられていましたが、まだ社会的には「過激《ヘン》な新興宗教」くらいの認識だったでしょう。

カルト問題で言うと、一九九二（平成四）年から翌年にかけて新体操選手でタレントの山崎浩子さん、アイドル歌手の桜田淳子さんらの統一教会（世界基督教統一神霊協会、現・世界平和統一家庭連合）入信で、「カルト」や「マインドコントロール」という言葉が一挙に人口に膾炙《かいしゃ》します。宗教ではありませんが、八〇年代末から九〇年代初頭にかけては自己啓発セミナーという、数日間で劣等感をなくし理想の自分になれるという講習会が社会現象となり、その拡大方法や人格変容のさまが「まるで宗教のような」と形容され、大流行します。

しかし平成の宗教を語るうえで外せないのは、言うまでもなく地下鉄サリン事件でしょう。一九九五（平成七）年三月二十日、東京の地下鉄で前代未聞のテロ事件が発生します。猛毒であるサリンが一般市民に向けて使われたことはむろん、事件を起こしたオウム真理教に、高学歴の若者が数多く入信していた事実に世間は驚愕しました。

新宗教の研究者は、私も含め、ふつうは次のように考えます。「なぜ新宗教に入信するのか。その理由は貧《ひん》・病《びょう》・争《そう》である」——。争は戦争ではなく人間関係のことです。要するに、貧しさ・病気・人間関係、これらが引き金になって新宗教に入信するというのが、新宗教研究のセオリーでした。

ところが、一九八〇年代後半から九〇年代以降に表に出てきたカルト教団（典型的にはオウム真理教）では、貧はほとんど関係ありません。病いは少し関係する場合もあります。人間関係もそれまでの嫁姑とか、上司と部下という人間関係とは違った性格のものでした。従来の新宗教などで語られていた人間関係の苦しさは、関わりを持つことによって葛藤が生じる苦しさでしたが、新しい人間関係の苦しさは、他者と関わらない、関われない内向きの苦しさ、当事者の言葉で言うと、「むなしさ」といった「生きづらさ」です。

私は地下鉄サリン事件後にオウムに入信した女性に、インタビューしたことがあります。彼女は事件前に出家しようかどうか迷っていたと言います。それが事件後、夢に麻原彰晃が現れて後押しされたことで、「オウムの無実を証明するのは私しかいない」と考えて頭を丸めて出家するのです。彼女と会ったとき、研究者としてはやはり「貧・病・争」が頭にありますから、「病気がきっかけでオウム真理教に入ったのですか？」と質問しました。すると「いや、体は健康です」と言う。「では、親子関係に悩みを持っていたのですか？」と尋ねると、「いいえ、両親とも尊敬できる人です」と答える。彼女によれば、オウム真理教に入信した理由はただ一つ――「漠然と生きている」という「むなしさ」からだと言うのです。

教団が拡大したのは、一九八八〜八九年のバブル経済の真っ只中。浮かれムードの空気に馴染めない若者たちが、自分探しや自己実現を求め、麻原という特殊な存在に引き寄せられました。バブルに「むなしさ」を感じる一群がいたことは、それほど不思議ではありません。経済的に繁栄しても、物質的な豊かさは移ろいやすいものです。お金が入れば、もっと欲しくなる。いい車を買っても、もっといい車があるんじゃないかと思う。美味しいものを食べても、もっと美味しいものが食べたくなる。

今あげた例は麻原がよく説法で持ち出したものですが、そうした物質的な豊かさは絶対的な満足を与えることはできないし、生きる意味や確固たる価値観を支えるものにはならないのです。特定の宗教が価値観の源泉となっていない日本においては、伝統宗教はそうした存在にはなりえないし、そうかといって学校や先生には権威がなくなった。家庭や地域などには望むべくもない。そうしたなかで、「真理はわが手の中にある」と錯覚させるカルト教団の主張が、とても魅力的に映ったのでしょう。

たとえば、オウムの広報担当として当時メディアにもよく登場した上祐史浩《じょうゆうふみひろ》さん（現・「ひかりの輪」代表）には、NASAに行って宇宙飛行士になるという夢がありました。一九八七（昭和六十二）年、彼は早稲田大学大学院理工学研究科修士課程を出たあと、宇宙開発事業団（現・宇宙航空研究開発機構）に就職します。つまり夢の実現に王手がかかっていた。にもかかわらず、「研修には意味がない」という理由で、あっという間に退職してオウムの出家信者になってしまいます（在学中から「オウム神仙の会」の会員でした）。

このように、オウム教団の信者のなかで多数を占めていたのが、当時二十代後半から三十代前半の若者たちでした。つまり、理想と現実のはざまで揺れ動き、自分の限界や壁に突き当たりやすい層と言えます。彼らの根本にあったのは「自分探し」への強い思いでした。魂の彷徨の過程でニューエイジの本を読みあさり、新宗教や自己啓発セミナーに入信したけれども、なかなか本当の自分を見つけられない。そうして挫折し、それが「安易」という意味でとてもわかりやすい麻原の主張に触れ、やがて彼の思惑・野望と呼応するかたちで、テロ事件に手を染めてしまったのです。

この「むなしさ」という「生きづらさ」の悩みは非常に厄介なものです。たとえば、単位を落としそうな学生は勉強すればいいし、お金がないならアルバイトをすればいい。モテないなら格好良くなればいい。でも、「人生に意味がない」と感じてしまう悩みには、学校も家庭も社会全体も、十分な処方箋を持ちえてはいません。それは世紀をまたいで今に続いている問題です。

低迷する教団宗教

次に、一九九五（平成七）年の地下鉄サリン事件、いわゆるオウム・ショックにより、冒頭で挙げた三層の宗教性はどのような影響を受けたのかを見ていきます。

まず教団宗教ですが、毎年文化庁が刊行している『宗教年鑑』によると、天理教信者は一九九四（平成六）年版で百八十九万人だったのが、二十年後の二〇一四（平成二十六）年版では百十七万人。立正佼成会は六百五十五万人いたのが半減して三百九万人。伝統仏教でも、たとえば高野山真言宗は五百四十九万人いたのが三百八十四万人。オウム・ショック後の日本の宗教界の大きな特徴の一つは、教団が低迷していることが挙げられます。

教団停滞の背景には、オウム・ショックによる宗教そのものへの拒絶感とともに、組織に入ることを嫌う時代性、あるいは新宗教について言えば、親世代は熱心な信者であっても子どもはまったく別の価値観を持っていて、世襲の信者が減ってきたという事情もあるかもしれません。

また教団宗教は、一九九六（平成八）年の宗教法人法の改正にも大きく影響されています。それまでは、ある種超然としていた宗教法人が、公共性や公益性を担っているかどうかが問われるようになりました。つまり、社会において自分たちが役に立っている、価値があるということを、目に見えるかたちで表明しなければいけなくなったのです。

二〇〇六（平成十八）年の教育基本法の改正に向けて議論が起こったとき、「科学・物質万能の風潮の中で、目に見えないものを大事にするという観点から、あらゆる宗教に共通する普遍的な宗教心を教える必要がある」「道徳教育の背景として宗教的情操の涵養《かんよう》が重要である」というような宗教に期待する意見も出されました（中央教育審議会「新しい時代にふさわしい教育基本法と教育振興基本計画の在り方について［中間報告］」二〇〇二年）。

しかし「宗教的情操の涵養」も「宗教を信じない自由」を侵害する観点から認められるべきものではないといったような異論が日弁連から出されたり、宗教界自身も道徳や教育にどう取り組んでいくのか有効な応答が出されなかったりで、議論は収束していきます。

歴史的な関わりから見ても、道徳や教育の問題は、宗教がご意見番としてコメントを述べられる分野なはずですが、学校法人を擁しているような大きな教団ですら、自分たちの実践してきたことや存在意義を社会に対してどう示していくのか、決定打はなく、それをいまだ探しながら現在に至っているのが実情だと思います。

平成の終わりとオウム真理教

では教団宗教のもう一角である、若者を引きつけたカルト教団はどうか。これもかつての勢いは失いました。二〇一八（平成三十）年七月に麻原彰晃をはじめオウム真理教幹部の死刑が相次いで執行されました。報道によると「平成の事件は平成のうちに」という法務省内部の思惑があったと言います。今も、大切な人をなくし、また後遺症等で、苦しんでいる人もいるということを考えると「過去のものになった」などとは、とても言えません。しかし大学生と接していると、百名以上いる教室でも、先の上祐史浩さんを知っている人といって手を挙げる学生はいません。

ただ、こうした一九九五年のオウム・ショックをリアルタイムで知らない若者も「宗教はアブナイ」という意識だけは継承しており、今後、カルト教団に多くの若者が魅了されたり、マスコミでもてはやされたりするということは起こらないでしょう。しかしオウムの背景にあった「自分探し」の果ての「生きづらさ」はどうでしょうか。

二〇一四（平成二十六）年に藤村正之・寺地幹人・牧野智和の各氏が約五百人を対象として実施した「若者の生活と意識に関するアンケート」（翌年の日本社会学会で報告）では、自分が「大嫌い」が七・一パーセントで、「やや嫌い」が三二・八パーセントと、約四割が自分に対する嫌悪感を示しているのがわかります。また同調査では「どこかに今の自分とは違う本当の自分がある」（「そう思う」＋「ややそう思う」）が三九・三パーセント。こうした数字から今も約四割が自分探し予備軍と考えていいでしょう。

また内閣府の「我が国と諸外国の若者の意識に関する調査（二〇一三年度）」という七ヵ国それぞれ千名の若者の調査を見ると、日本の若者の自己肯定感が他国（韓国、アメリカ、英国、ドイツ、フランス、スウェーデン）と比べて低く、憂鬱《ゆううつ》だと感じている割合は高く、鬱々《うつうつ》としている像が浮かび上がってきます。たとえば「私は、自分自身に満足している」（「そう思う」＋「どちらかと言えばそう思う」）は四五・八パーセントと、七ヵ国のなかで最も低い。

この調査では「自分についての誇り」を十項目で尋ねていますが、「やさしさ」「まじめ」といった内面的な項目も、「容姿」「体力、運動能力」といった外見的な項目も、十項目全てにわたって日本の若者は、「誇りを持っている」「どちらかといえば誇りを持っている」を足した割合が、他国に比べて低いという驚くべき結果となっています。逆に「この1週間のあなたの心の状態」で「悲しいと感じたこと」（七二・七パーセント）、「ゆううつだと感じたこと」（七七・八パーセント）、「つまらない、やる気が出ないと感じたこと」（七六・九パーセント）が、他国に比べて最も高い割合を示しています（「あった」＋「どちらかといえばあった」）。

思春期のある時期に自己への嫌悪感を覚えたり、人生に煩悶《はんもん》することがあったりすることに私はそれほど疑問を持ちませんが、このデータは日本社会全体が、若者がやる気や生きがいを見出しづらい構造となっている証左でしょう。「生きづらさ」という言葉は多義的で、人によってとらえかたの幅がありますが、今あげたような自分が好きになれなくて、自信がなく、毎日が憂鬱だという若者が「生きづらさ」を抱えていることは想像に難くありません。むしろ「生きづらさ」という言葉を抜きにして現代の日本社会を語れなくなりました。

オウム・ショックの影響でカルト教団がはびこる余地はなくなりました。先に紹介した「まるで宗教のような」と形容された自己啓発セミナーは、数十万円かけての自己投資で、しかもネズミ講的な拡大方法をとったという意味で屈折した自分探しだったと言えますが、そのようなかたちの自分探しは、今はあまり見られません。それでも少し大きめの書店に行けば、「自己啓発」は独立したコーナーになっていて、大学生の就職活動でも、そうしたジャンルの書籍を読むことが推奨されます。最近では、「生きづらさ」と同じように、「自分探し」も、ごく普通のこととなっているのかもしれません。「生きづらさ」の問題については、三層の、ほかの二つの層（ニューエイジと「こころ」「いのち」）でも密接に関わってきます。

ニューエイジからスピリチュアルへ

さて、三層の二つめにあたるニューエイジ（精神世界）ですが、こちらもオウム・ショックの影響を大きく受けて、ニューエイジ的なものはかなり後退しました。ところが面白いのは、ニューエイジを支えていた人たちの感覚自体がなくなったわけではないことです。

たとえば、二〇〇三（平成十五）年には、ナンバーワンではなく「オンリーワン」であることを称《たた》えるSMAPの歌「世界に一つだけの花」が大ヒットしました。また二〇〇六（平成十八）年には、サッカーの中田英寿さんが現役を引退した際、「自分探しの旅に出る」と発言したことが話題になりました。こうした「オンリーワン」や「自分探し」といったキーワードに見られる自己実現への希求は、一九八〇年代のニューエイジのような一部の人たちにのみ共有される際《きわ》だったものではなく、一般的に受け入れられるものになっていきました。

その動向が再びムーブメントとして開花したのが、二〇〇〇年代のスピリチュアル・ブームでしょう。「スピリチュアル」あるいは「スピリチュアリティ」とは、正確な意味は後述しますが、わかりやすく言えば、「生きる意味の探求」のことです。伝統的に人は「生きる意味」を見失ったとき、宗教の教典を開き、また祈りや同じ信仰者との語らいのなかから「生きる意味」を見出そうとしてきました。しかし、先のニューエイジにも見られたように、現代にあっては宗教を介さずとも意識変革や大いなるもの（宇宙・自然・生命体）とのつながりを感じることで「生きる意味」にアプローチすることが可能です。

スピリチュアリティという語で多くの人が連想するのは、スピリチュアル・カウンセラーの江原啓之さんだろうと思います。たしかに、彼は日本におけるスピリチュアル・ブームの火付け役ではありますが、もともとのスピリチュアリティが世界的に話題になったのはまったく別の文脈からでした。

ここで、スピリチュアリティが世界的に注目された背景を整理しておきましょう。

一九九八（平成十）年、世界保健機関（WHO）は「健康」の定義を改訂しようという提案を検討しました。それまでは、身体・心理・社会、この三つの健康がそろうのが「健康」であるというものでしたが、加えてスピリチュアルな側面の健康も必要ではないかとされたのです。つまり、心と体と環境の健康に加え、スピリチュアルに健康であってはじめて、人間は十全に健康と言える。このような健康定義の改訂案が出されようとしたのです。

またWHOは一九九〇（平成二）年に出した報告書「がんの痛みからの解放とパリアティブ・ケア」において、スピリチュアルは、身体・心理・社会（人間関係や環境）と並んで人間の「生」を構成する要素であると発表しました。すなわち、「なぜ死ななければならないのか」「何のために生まれてきたのか」という、生きる意味や目的に関する苦しみに対するケアについて、その重要性を指摘したのです。

こうした一連の動向で「スピリチュアリティ」という宗教用語が、医師などの科学者によって国連機関で議論されたということが話題になり、「スピリチュアリティ」という言葉が世界的に注目を集めるようになりました。

日本では、病院チャプレン（病院専属の宗教者）を経て、現在は聖学院大学教授の窪寺俊之さんが、スピリチュアリティを「生きる拠りどころ」「生きる力や希望」「生きる意味や目的」といったキーワードで定義しています。「生きづらさ」を抱えたとき、人はどうやって生きる力や希望を見出すのか。高邁《こうまい》な理想や理念、あるいは神仏のように、自分を超えた大いなるものに見出す場合もあるでしょう。また譲れない信念や信仰など、自分の内に見出すこともあるでしょう。自分の外側や内側に生きる力や生きる意味を見出そうとすること――それを、もともとは「スピリチュアリティ」と呼んでいたのです。

日本におけるスピリチュアル・ブーム

ところが日本では、スピリチュアリティは「生きる意味の探求」とは異なったかたちで展開していきます。江原さんがホストの一人を務めたテレビ番組「オーラの泉」が二〇〇五（平成十七）年に始まり、二〇〇七（平成十九）年にゴールデンタイムで放送されるようになると、一二～一五パーセントの高い視聴率を上げるようになりました。ここでは本来のスピリチュアリティと区別して、一般に用いられる「スピリチュアル」としておきましょう。

同じころ、女性誌においてさかんにスピリチュアル関連の記事が掲載されます。そして読売新聞や朝日新聞などの全国紙が、二〇〇六～〇七年にかけてスピリチュアルに関する大きな特集を組むようになる。先ほどの「生きる意味」や「生きる力」とは違って、オーラや守護霊といった〝江原的〟なものが社会的ブームになり、そこにマスコミが飛びついたのです。ちなみに、朝日新聞のスピリチュアルに関する記事の本数の推移をデータベー

2006年12月、「東京すぴこん」の会場にて。手をかざしたり、合わせたりして、来場者と心を触れ合う（提供：朝日新聞社）

スで検索してみると、二〇〇六（平成十八）年がピークで、翌年からは減っています。

このスピリチュアルがブームになったとき、スピリチュアル・コンベンション（通称「すぴこん」、のちにスピリチュアル・マーケット、通称「スピマ」）というものが多くの人を集めました。二〇〇二（平成十四）年に「癒しとスピリチュアルの見本市」と銘打って始まったイベントは、最盛期の二〇〇八（平成二十）年には年間で五十ヵ所、十万人以上が来場したとされています。私も何度か足を運びましたが、雰囲気は高校の文化祭やフリーマーケットのようなもの。机にクリスタルや生体エネルギーをアップするジェルなど、スピリチュアルな力を高めるグッズが置かれ、安いものは二千~三千円ぐらいで手軽に体験できました。

クリスタルを中心とする鉱石は、スピリチュアル・シーンには定番です。百本を超える二色に分かれたボトルから四つ選んで自分の人生をカウンセリングしてもらう「オーラソーマ」、宇宙意識にチャンネルを合わせて、そこから自分の行く末などを占ってもらう「チャネリング」、あるいは「レイキ」(霊気)という手かざしの病気治療法なども「すぴこん」ではよく見られました。脅しで相手を落ち込ませるだけのものや霊感商法的なもの、そして宗教団体は出展できないなど、主催者はかなり明確なガイドラインを設けて運営をしていました。

日本的なスピリチュアル・ブームの特徴は、一見宗教的で、そうした言葉や実践が繰り出されますが、基本的に宗教団体とは無関係であることです。かつては「生きる意味の探求」という意味でのスピリチュアリティに関して、宗教が大きな発言力を持っていました。当該社会における善悪などの価値観や人を束ねる力を宗教が担っていたからです。たとえば、生きづらさを抱えた若者は、教会に赴いて聖書を紐解いたり、禅寺の門を叩いたりしていた。四季折々の年中行事や冠婚葬祭を通じて、家族や地域のつながりを感じ、自分の役割や生き方を自覚していった。

ところが、あるときから、このスピリチュアリティが宗教組織の外に溢れ出てしまいます。教団で修行したり説法を聞いたりして救われるのではなく、ジブリ映画を観て癒されるように、非宗教的なカルチャーが宗教の代替物になりました。

宗教組織に束縛されることなく、消費者が観たいときに映画を観て癒されたり、自然のなかでリフレッシュして救われたりする――そうした個人的な宗教意識を、現代的かつ日本的なスピリチュアルと呼んでいいのではないかと思います。

そんな、江原さんが牽引したスピリチュアル・ブームは、二〇〇七（平成十九）年ころから下降線をたどります。ここでスピリチュアル・ブームに代わって登場してきたのがパワースポットです。たとえば女性誌『ＣＲＥＡ』は、二〇一〇（平成二十二）年三月号で特集を組み、都道府県別のパワースポットを挙げて、その特徴を紹介しました。恋愛成就で有名な東京大神宮（千代田区）などにはたくさんの女性が訪れるようになり、「パワースポットには人が集まる」ということで、自治体も目を付けるようになります。大田区のホームページをのぞいてみると、町会や自治会が中心となってコースをつくったという「多摩川七福神パワースポット巡り」が紹介されています。現在、パワースポットはかなり市民権を得た言葉だと言えるでしょう。

東日本大震災で日本人の宗教観は変わらなかった?

それでは、三層の三つめにあたる「こころ」「いのち」について見ていきましょう。

この層は、オウム・ショックの影響はさほど受けずに、むしろ医療・看護・福祉分野で洗練されるかたちで、社会のメインストリームに落ち着いた感があります。教育現場では一九九〇年代末から「こころの教育」「いのちの教育」の重要性がさかんに説かれました。二〇〇六(平成十八)年を一字で表す漢字が「命」でした。また、終末期医療などにおけるスピリチュアルケアも展開し始めた。言い換えれば、スピリチュアリティが本来の意味に立ち返る恰好で、社会のなかで認知を得て定着していった。そしてこの動きは、東日本大震災をきっかけにさらに加速していきます。

二〇一一(平成二十三)年三月十一日、東日本大震災が発生します。一万五千人以上もの命を一瞬にして奪った出来事ですから、当然に日本人の宗教意識に影響を及ぼしたことが予測されます。では、具体的にどのような変化をもたらしたか。

まずは統計を見てみます。国民性調査(図1)によると、東日本大震災の前と後で、宗教を

図１　宗教を信じるか

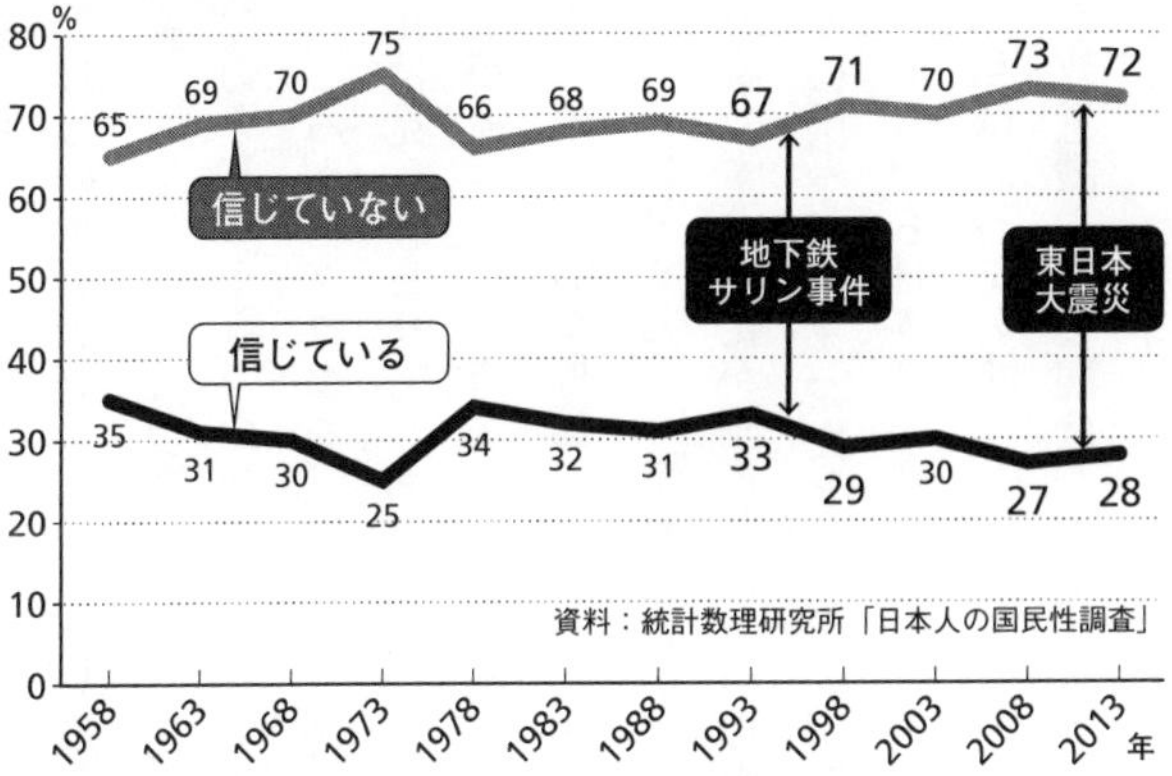

資料：統計数理研究所「日本人の国民性調査」

信じている人の割合の変化は二七パーセント→二八パーセント、信じていない人は七三パーセント→七二パーセントと、ほとんど変わっていません。比較対象として地下鉄サリン事件の影響を見てみると、事件の前と後で、宗教を信じている人は三三パーセント→二九パーセントに明確に減っています。宗教を信じていない人は六七パーセント→七一パーセントと、これも明らかに増えています。

ちなみに一九七三（昭和四十八）年から七八（昭和五十三）年にも大きな変化があります。それは、七三年のオイルショック後にオカルト・超能力・世紀末といった神秘呪術ブームが起きたことを背景にしていると考えられています。この結果から考えると、オイルショックや一九九五（平成七）年のオウム・ショックよりは、二〇一一年の震災は日本人の宗教意識にそれほど大きな影響は与えなかったと言える気がします。

ＮＨＫの世論調査（図２）も見てみましょう。これは、宗教を信じているかいないかではなく、「お墓参りをする」「お守りやお札《ふだ》をもらう」「おみくじを引く」といった宗教的な行動をどのくらい行なうかを五年ごとに調査したものです。

ところが、グラフを見ていただければわかるように、「墓参り」以外のすべての項目に変化は見られません。あのとき、日本中が喪に服するような雰囲気になり、「絆《きずな》」という言葉が強調されたにもかかわらず、二〇〇八（平成二十）年と一三（平成二十五）年の間で、日本人の宗教的な行動にほとんど変化が見られなかった。これはどういうことなのか。

ふつうに考えると、あれだけの災害が起きたのに何の影響も与えなかったことのほうが不思議です。変化が測定されない理由にはいろいろなことが考えられます。影響は与えたが元に戻ってしまったとか、これからジワジワと影響が出てくるのかもしれない。しかし、そもそも日本人の宗教観や宗教意識を統計だけで理解しようというところに限界があると私は思っています。

宗教意識や宗教観はたぶん十年、二十年先になって、「あの時代に変化の兆しがあったんだね」とわかるようになるものなのでしょう。どうしても研究者は「エビデンス」（客

図2　日本人の宗教的行動

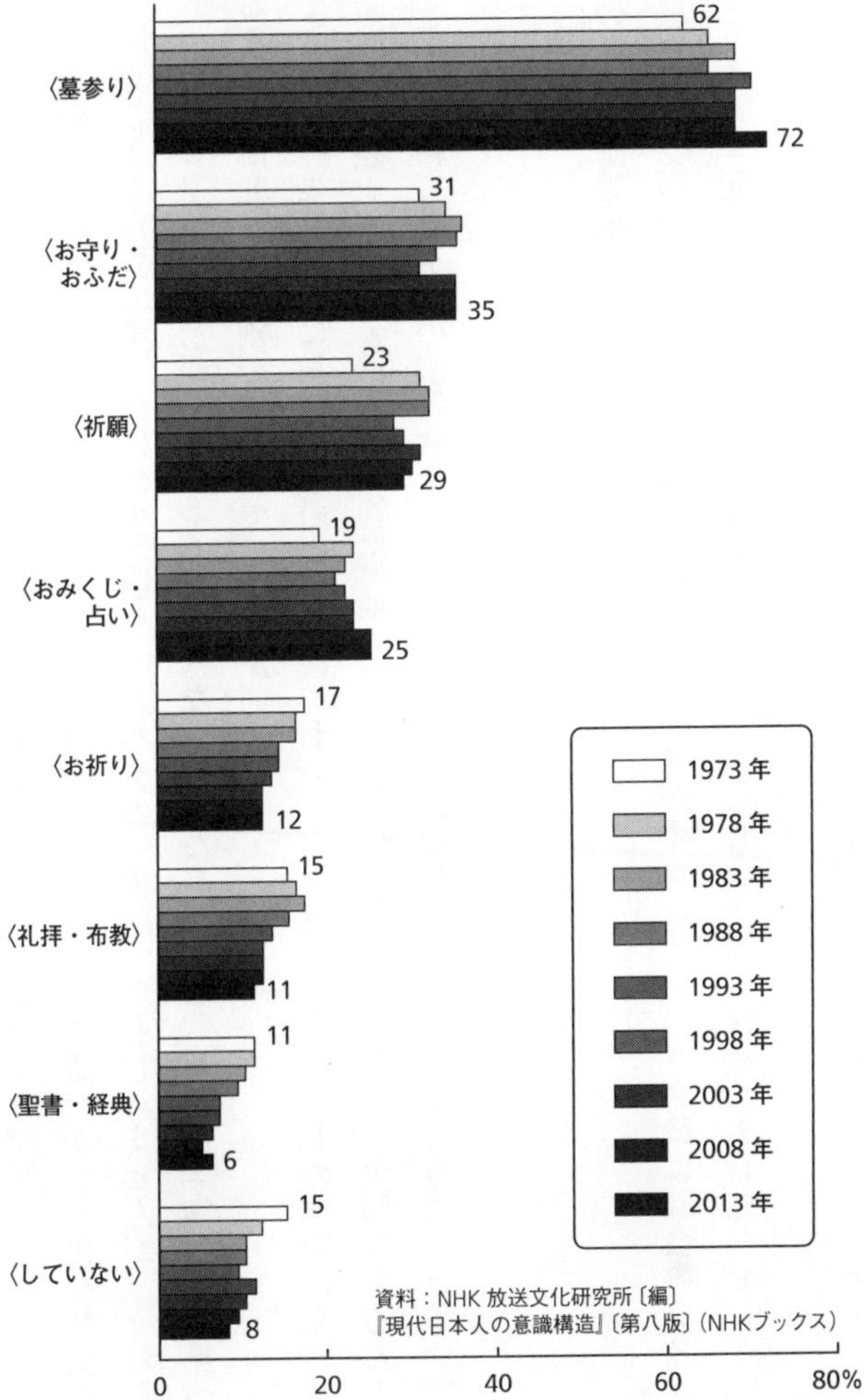

資料：NHK 放送文化研究所〔編〕
『現代日本人の意識構造』〔第八版〕（NHKブックス）

観的な数値による証拠）を重んじる傾向にありますが、同時に「ナラティブ」といって個々の当事者の体験談や、主観的かもしれませんが想いの詰まった「物語」から時代や社会を読み解くことも重要です。今は数少ない、バラバラの「物語」かもしれませんが、それらが一つのエピソードを形づくり、やがて大きな奔流となるような、そんな「物語」を見つけることも研究者の役割ではないでしょうか。

そこでこの後は、先に挙げた三層の宗教性において、震災前後十年ほどの期間に見られた動向を概観するとともに、私が被災地の調査で見た三つのエピソードを紹介することで、震災を経て日本人の宗教観や宗教性がどのように変化したかを考えてみたいと思います。

「心のケア」を誰が担うのか

前節で、三層のうちの「こころ」「いのち」の層がオウム・ショック後に社会のメインストリームに定着したとお話ししました。その代表的な動きが、医療におけるスピリチュアルケアの普及です。

先行していた欧米には遅れたものの、日本でも一九九〇年代後半から、ターミナルケアの分野でスピリチュアリティの語が一般化し始めました。スピリチュアルケアに関わる医療・看護従事者、ソーシャルワーカー、宗教者、患者家族、ボランティアなどの学会や研究会、市民グループも数多く誕生します。そうしたなかで、スピリチュアルケアにかかわる専門スタッフの養成が求められ、一九九八（平成十）年にカトリック司祭による臨床パストラル教育研究センターが久留米市に設立、次いで二〇〇六（平成十八）年には高野山大学にスピリチュアルケア学科（現・別科スピリチュアルケアコース）が新設されました。

　この動きを一層加速させたのが東日本大震災です。震災後、第1章で池上さんが触れられたように、宗教者の持つ慰霊や追悼の力が大きく注目されました。二〇一二（平成二十四）年からは、日本スピリチュアルケア学会によってスピリチュアルケア師という資格が出されるようになり、東北大学には実践宗教学寄附講座が開設され、臨床宗教師研修が始まりました。また翌年には、（公財）全国青少年教化協議会の臨床仏教研究所が主催する臨床仏教師養成プログラムが開始されます。スピリチュアルケア師、臨床宗教師、臨床仏教師というスピリチュアルケアにあたる人材が、学会・大学・財団という信頼できる組織のお墨付きで輩出するようになったのです。

　こうした動向は、東日本大震災で改めて焦点化した「心のケア」を誰が担当するのかというところに端を発しています。かつては、自然災害や犯罪に巻き込まれてしまった苦しみは、経済的な保障で和らげることが重要だと考えられてきました。ところが平成期に入ると、経済的支援だけでなく、心や内面、すなわち「なぜ自分に不幸が訪れるのか」「そもそも、なぜ私は生まれてきたのか」というスピリチュアリティの次元からの回復も、人間が立ち直るときの重要な一要素だと言われるようになります。

震災で家や財産が失われてしまった。それにも増して、たくさんの人が同時に亡くなり、お寺もお墓も流されてしまった。その霊を誰が慰めて、残された人に誰が寄り添うべきなのか――。こうした問題は多くのマスコミでも報道されました。震災の前年の二〇一〇（平成二十二）年には、NHK主導で「無縁社会」という言葉がブームになりました。「無縁社会から有縁社会へ」というスローガンや、「お寺を地域コミュニティの核に」といった主張をよく耳にしました。

もちろん、こうした「心のケア」の問題は被災者や高齢者や過疎の村に住む人々だけの問題ではありません。今世紀に入って教育界では青少年の「生きる力」をどう育《はぐく》むかが喫《きっ》緊《きん》の課題となっています。先の若者の意識調査で確認したように、自己肯定感が低く、鬱々として、「生きる力」の発露からはほど遠いところにいる若者、つまり生きづらさにあえぐ青少年層こそ、日常的な「心のケア」の対象なのです。

家族の死からすると、若者の悩みなど「ケア」に及ばないという考えがあるかもしれません。しかし日頃、大学生と接している教員の感覚からすると、グローバル化やリーダーシップが叫ばれ、見事に羽ばたいていく学生がいる一方、ガラスのように壊れやすい「自己」を抱え、生きづらさに呻吟《しんぎん》する学生も少なくなく、一人ひとりにとって、それは「生きるか死ぬか」という問題なのです。そしてそうした若者がどのくらいいるかと言えば、前述した自己嫌悪感や自分探しの若者率四割という数字が、その予備軍なのです。

宗教者への関心

先に、オウム・ショック後の日本の宗教界で教団宗教が低迷していることについて触れましたが、その一方で二〇一一（平成二十三）年以降、もう一度、宗教の持っている力、特に死にかかわる慰霊や追悼の力に人々の関心が集まってきている気がします。つまり、個人的な宗教のあり方ではなく、地域に根差したお寺や組織を持った宗教の力に人々の関心が移ってきているのではないか——。

これは、今後十年、二十年を考えるうえで非常に重要な意味を含んでいます。一九八〇年代末から二〇〇〇年代にかけて、ニューエイジのような意識変革やスピリチュアルへの関心が一度は高まったけれども、しだいにスピリチュアル・ブームが下降線をたどるなかで、もう一度、宗教そのものに人々が関心を持ち始めた兆しなのではないか——。

もう少し実態に即して言うと、「〇〇宗」や「〇〇教団」ではなく、宗教者一人ひとりに注目が集まっているのでしょう。一九九五（平成七）年の阪神・淡路大震災のとき、多くの宗教者がボランティアに行きましたが、それは「教団として」でした。それが東日本大震災では、教団が動くよりも前に大勢の宗教者が「個人として」被災地に入り、炊き出しなどの支援活動を行なったのです。TwitterなどのSNSがそうした動きをサポートしたとも言えましょう。私自身も震災後に、それまで山谷《さんや》や釜ヶ崎といったドヤ街などで炊き出しをしている宗教者がいち早く被災地に入ったのをSNSで知ることとなり、その機動力に驚かされました。

なかでも、活発なのは僧侶です。朝日新聞のデータベースを見ても、神主、牧師、神父に比べて、僧侶の活動を取り上げる記事の数は二〇〇〇年代に入って圧倒的に増えています。具体的な内容は、個々のお坊さんが遺族の心のケアをしているとか、路上で亡くなったホームレスの葬儀をしているといった、「〇〇宗」としてではなく、「〇〇さん」という

2018年3月11日、いわき市の薄磯海岸にて。東日本大震災から7年、紙塔婆を海に流して、犠牲者の供養をする僧侶たち（提供：朝日新聞社）

僧侶一人ひとりの活動として注目が集まっています。この二十年、教団の力は低迷していますが、個人の宗教者の活動にはむしろ関心・期待が高まっているのです。

慰霊や追悼への目覚め

震災後の日本人の宗教性の変化を考えるうえで、私は個々のナラティブやローカルなエピソードにも注目しています。新聞報道やネットの情報だけでなく、被災地を歩き、一緒にボランティアをし、さまざまな人たちの話を聞くなかで、以下の三つの変化を感じました。一つめは「慰霊や追悼への目覚め」、二つめは「新しい祭りの誕生」、三つめが「求道的なボランティアの台頭」です。

福島県いわき市に、県立いわき海星高校という水産高校があります。この学校では二人の生徒が震災で亡くなりましたが、夏休みに在校生たちが「慰霊をしたい」と進言したそうです。いわきには「じゃんがら」という、沖縄のエイサーの原型になったとも言われる民俗芸能があります。お盆にはみんなで太鼓や鉦《かね》を叩いてご先祖様を供養するのですが、それを高校生たちが亡くなった級友のために行なった。震災の前年に海外から来た高校生のために文化交流として行なっていたものを、生徒の発案で慰霊追悼の意味で捉え返したのです。じゃんがらの衣装や鉦太鼓一式は近隣の高校より借りたと言います。夏休みですから遊びたいでしょうし、受験勉強もあったでしょう。私も二〇一六(平成二十八)年八月の暑い日に一日同行しましたが、高校生たちが町中でじゃんがらの鉦を打ち、集まった多くの人々が生徒たちに向かって手を合わせていました。

いわき海星高校のじゃんがらのチームは、今でも年間四十~五十回ほど、全国でじゃんがらを披露しています。震災で亡くなった人たちを追悼し、また震災後の支援に感謝し、太鼓や鉦を叩き続けている。一つの特殊な事例かもしれませんが、こうした、やや廃れていたような民俗芸能が、若い人々によって再興されつつあることは、震災後の日本の宗教

NPO法人勿来（なこそ）まちづくりサポートセンターによる「希望プロジェクト2016」の法要（撮影：弓山達也）

性や宗教意識を見ていくうえでとても重要です。

一方で二〇一六年三月十一日、私は同じいわき市内でじゃんがらに関わる職人さんを訪ねました。彼は、それまで新盆のお宅に赴き行なっていたじゃんがらを震災の翌年の三月十一日にも行なった人ですが、子どもたちに継承すべき民俗芸能と考えていたじゃんがらに慰霊や追悼の意味を、そしてこの世とあの世をつなぐものしての役割を再発見するようになったと語っていました。

彼を訪ねた後、地震のあった二時四十六分を、いわき市の小浜海岸で迎えました。地元のＮＰＯが主催する「法要」が行なわれていました。鎮魂の合図、黙禱《もくとう》、焼香、献米、水塔婆《みずとうば》での供養……、僧侶は導師として招かれているものの、法要全体は舞踊家や新潟のNPOや大学のサポートによって成り立っていたところが、宗教研究者としての私にとっては、宗教者と市民との関係の新しい発見でした。

同じように、多くの方が亡くなった薄磯《うすいそ》海岸には、誰が手向《たむ》けたとも知れない卒塔婆《そとば》や花が常に供えられています。このように、宗教団体や宗教者から離れた市井《しせい》の人々によって、慰霊や追悼が挙行されるようになっている。これは、もしかすると葬送の自由を求める昨今の傾向と軌を一にしているのかもしれませんが、いずれにしても、東日本大震災後の特徴の一つと見て取れると思います。

新しい祭りの誕生

次に「新しい祭りの誕生」について。これもいわき市を例に挙げると、市南部の小名浜《おなはま》では、六十歳代前半のオヤジ世代が中心となって、かつて漁船を彩った大漁旗約二百枚を港に掲げ、往時の漁港の活況の再現を目指す祭りが二〇一六(平成二十八)年に誕生しました。水産加工業が盛んな小名浜には、漁業関連会社が二十四軒あったのですが、二〇一三（平成二十五）年には四軒にまで減ってしまいました。そんななかで、団塊の世代より少し若いくらいの人たちが自分たちの往時の思い出を懐かしみ、地元神社の例大祭に合わせ、しまわれていた大漁旗を港にはためかせる新しい祭りをつくり出したのです。

私は二〇一六年から三回、お手伝いに赴いています。オヤジさんたちは「もう歳で神輿《みこし》が担げなくなったから」と謙遜しますが、大漁旗は街の復興のみならず、彼らの若々しさも象徴しています。

宗教研究者として宗教が立ち現れる場面に遭遇することは僥倖《ぎょうこう》です。同じように祭りが生まれて軌道にのる過程に立ち会うことも実に興味深い。寺院が寄り合いの場となっているものの、市民の祭りだから特定の宗派色はありません。しかし旗の持つ意味合い、参加者が語る過去から未来に向けてのメッセージ、舞台に登壇する若者たちが語る感謝の言葉などに宗派色とは言わないまでも、何か「生きる意味」としてのスピリチュアリティを感じます。

二日間の祭りで見入った光景がいくつかあります。オヤジさんたちの子どもが学校や職場の休みを利用して帰省し手伝う姿、さまざまな職業のオヤジさんたちが黒子に徹してフラットな人間関係を築こうとしている努力、手伝いに来ている外国人実習生や屋台にいるフィリピンのお母さん方がすんなり溶け込む雰囲気。世代間交流、サーバント（支援型）リーダーシップ、多文化共生など、もっともらしい術語を使うとそれまでですが、お手伝いをさせていただいて凄く気持ちがいい。

これに加えて二〇一七（平成二十九）年の祭りには百名ほどの高校生が参加しました。先のじゃんがら、フラダンス、琴や太鼓の演奏、そしてテキ屋を排して福島産にこだわった屋台。連休に受験勉強でもなく、デートでもなく、遊びに行くでもなく、地域のために馳せ参じる姿に心打たれます。オヤジ世代は高校生のときに鼓笛隊を組み、漁港に船が戻ると演奏して迎えたと言いますが、きっと自らの姿と重なって見えたに違いありません。

高校生の地域参加もそうですが、先の世代間交流、サーバントリーダーシップ、多文化共生は何も東日本大震災やその後の復興の機運のなかで始まったものではありません。もう少し言うと、背景となっている課題、たとえば少子高齢化による地域力の減退、世代間の断絶、外国人の増加などは、たぶんこの地域で数十年にわたって問題となっていたことでしょう。そこに東日本大震災による津波と原発事故と風評被害が押し寄せてきた。これらを跳ね返す力の集約点として祭りは重要です。二百枚の大漁旗は漁港のシンボルとしてさまざまな記憶を呼び覚まし、またこの街の、そして人々の未来を物語ります。

ある市議は大漁旗のなかに自分の実家の屋号が染め抜かれた（実家が贈り主になった）一枚を見つけ、「知らないことがいっぱいあるな」と家の歴史に新たな発見をしたと言います。福島大学から手伝いにきた学生は将来の夢を問われ、「茨城出身だけど今は福島のために働きたい」と応えていました。

祭りの準備段階で困難も多かったようです。しかし苦しいときだからこそ祭りの意義を嚙みしめたい。街と人の課題を「見える化」し、多様な思いや願いを束ね未来に向けさせるこの祭りに、私はこれからも関わり、見届けたいと思いました。

被災地支援の宗教性

そして三つめ、ボランティア活動が極めて宗教的な性格を湛《たた》えていることについても触れておきましょう。

二〇一五（平成二十七）年二月に釜石から南三陸に南下して、被災地支援の現場をまわったことがありました。気仙沼で、津波で一ヵ月間、四〇キロメートルにわたって流されてもほつれることのなかった「奇跡のジーンズ」で有名なジーンズ工場・オイカワデニムを訪ねました。工場自体は高台にあって、被災を免れ、震災直後は多くの人がここに身を寄せたのです。被災者の仕事を確保するため、社長の及川秀子さんは震災翌月に工場を再開させ、さらに工場敷地そばに仮設住宅の建設を誘致。本人も「被災者が仮設からいなくなるまで」と、一緒に暮らしたと言います。すぐ下には立派な社屋があるにもかかわらず、です。この社長は二〇一二（平成二十四）年六月に日本政策投資銀行主催の女性起業震災復興賞を受けることになり、自らの生活を差し出しての祈りの実践には菩薩行を思わせるものがあります。

私は二〇一七（平成二十九）年三月に、もう一度、及川さんを訪ねたとき、こんな話を聞きました。「いのちには三つある。まず第一にそれぞれが親から先祖から頂いた自分自身の命。二つ目のいのちは教訓を伝えるという使命、三つ目のいのちが一生懸命。それはやっぱり3・11を経験しなければ思いつかないことだったし、それがなければ悲しみ、苦しみ、絶望をわからないで、なんとなく一生を送っていたかもしれない。本当にありがたい。感謝です」と。会社経営者としても独自の哲学があったのかもしれませんが、震災を経て他者に寄り添いつつ過ごすなかで獲得した素晴らしい哲学だと思います。被災地には彼女以外にも、こうした身を投げ出すような、求道的とも言える活動を行なっている方がたくさんいます。私がボランティアで知り合った方々を紹介しましょう。

たとえば、宮城県南三陸町でブドウをつくっている男性は震災の年にボランティアに入り、当時は大学四年生でしたが、卒業後に東京から移り住み、南三陸産のワインを開発しようとしています。一緒に柵づくりをしたとき、聞けば、ブドウの木は植えてすぐにワインになる実ができるわけではなく、二〇一七年に植えて、二〇年にワイン醸造だというのです。南三陸の特産の牡蠣《かき》の殻を利用した土づくりもしていて、南三陸らしい特産品づくりに取り組んでいます。

二〇一四（平成二十六）年に愛知県豊田市から福島第一原発の廃炉作業員となって、そのままいわき市に移住してきた男性は、今は、田んぼアートで、二〇二〇年の東京オリンピックの際に三十万人の観光客を呼ぼうと田んぼづくりに励んでいます。SNSやクラウドファンディングなどを用いての発信力が高く、私も二〇一八年五月の田植えを手伝いに行きました。

全村避難を余儀なくされた川内村に二〇一四年、埼玉から移ってきた元教諭の男性は、釣り堀兼宿泊施設で働きながら、炭焼き釜の火を絶やさぬよう伝統を継承しています。私はある参加型の市民会議で、彼が提案した「幸福について」を語り合ったとき、並々ならぬ覚悟を感じ、彼が主催した炭焼きワークショップに参加した経緯があります。

ワインづくりにしろ、田んぼアートにしろ、炭焼きにしろ、急に成果の出るものではありません。いえ、成果が出ないことだって予想されます。でも、そこに自分の人生を捧げることができる。ひとことで言うと「生き方が変わる」何かが被災地にはあるのだろうと思います。

都会から被災地に移り住み、地元の人たちに寄り添いながら、あるいは寄り添われながら、ここを自分の住処《すみか》として一生を投げ出している。そして特筆すべきは、そのことに確かな「生きがい」を感じていることです。こうした活動は宗教とは何の関係もないと思われるかもしれません。しかし、自分の生活や人生を他人のために投げ出して、そこに「生きがい」を見出している人たちを見ると、私はそこに極めて宗教的なものを感じます。今も多くの人が被災地で他者のために活動しています。日常は生きづらい。だから非日常であるボランティアに生きがいを見出す。そうした若者もいるでしょう。

宗教的なるものの再評価

ここで紹介した三つのエピソードは、これからの宗教を考えるうえで大事なことを私たちに投げかけていると思います。

慰霊や追悼の再発見、新しい祭りの誕生は言うまでもなく宗教的です。しかし、被災地の活動やボランティアが宗教的と言うと、たぶん当事者も含め、あまり理解されないかもしれません。ただ冒頭にも述べたように、教団には属していないが目に見えないものを信じているというような意識のレベルの宗教性という観点から考えると、及川さんらの我が身を投げ出す求道的な支援のあり方は、信仰に近い強い信念や自らの生きる意味を見据えた使命感抜きには理解できません。その意味で「宗教的」、もし語弊があるなら「スピリチュアリティ」と呼びたいと思います。

平成の幕開け前後の一九八〇年代後半、バブルの狂騒のなかで「生きづらさ」を抱えた一群が登場しました。規範がなくなった状況において、精神的な混乱が起きることはデュルケムのような古典的な社会学が明らかにしたことです。もちろん「生きづらさ」自体はいつの時代にもあったことでしょう。たとえば、明治三十年代の「煩悶青年」などがいい例です。しかし平成の「生きづらさ」は、かつての「生きづらさ」がエリートに限定されていたのに対し、それを市井の人々に拡大したところに、その特徴があります。明治のエリートが経済的な豊かさを背景にしたように、平成の人々の背景にも——貧困の問題はありますが——多くの人々が享受する豊かさがあるのでしょう。

現在の地球上で、また歴史的にも、極めて豊かな日本において、若者の四割が自分に嫌悪感を覚え、どこかに本当の自分があるんだと自分探しの予備軍となっていることは皮肉なことです。平成に入って、こうした自分探しの予備軍の受け皿となったのがカルト教団だったり、自己啓発セミナーだったりしたのです。オウム・ショックでそうした受け皿は影響力を持たなくなったものの、自分探しの若者の宙ぶらりんの状態は今も続いたままです。江原さん的意味でのスピリチュアルは、一見、人々に癒やしや安らぎを与えるかのように見えましたが、そのブームはそう長続きしませんでした。しかし、「生きる意味の探求」という意味でのスピリチュアリティは、震災後に強い関心が寄せられた「心のケア」など、医療・看護・福祉といったヒューマンケアの分野で重要な役割を果たしていくでしょう。

教団宗教への無関心や拒絶感は日本の宗教の特徴ですが、「心のケア」の担い手として、震災後に資格が制度化されたスピリチュアルケア師、臨床宗教師、臨床仏教師の多くは教団宗教に所属する宗教者です。高齢者の「心のケア」には、教団宗教、特に仏教者の役割は無視できません。

私も関わった「高齢者ケアにおける仏教的資源の導入可能性」（林田康順代表、科研費挑戦略的萌芽研究、二〇一五～一七年）の調査では、高齢者福祉施設や医療機関で求められる仏教者のかかわり方として、「入所者の悩み・不安への傾聴」（七〇・三パーセント）、「入所者家族の悩み・不安への傾聴」（六五・三パーセント）など、仏教色を前面に出さない支援行為が上位に並んだものの、「季節行事としての読経や法話」（四九・八パーセント）も高いニーズを示しており、教団宗教を背景とした支援が求められています。

ただ私が歩いて見てきた慰霊や追悼への目覚め、新しい祭りの誕生の現場では、宗教的な営みが生まれつつあるものの、それらは必ずしも教団宗教とは結びついてはいませんでした。私が求道的だと述べたボランティアもそうです。したがって、生きづらさの拡大とともに、スピリチュアル・ブームの次は、教団宗教の復権だと言うのは、少し早計かもしれません。

しかし「生きる意味の探求」というスピリチュアリティへの関心の高まりは、いろいろな分野で確認されます。今まで見てきたように、医療・看護・福祉や教育、また平和や環境といった分野でも、単に政治的なやりとりや二酸化炭素の排出量だけなく、人間の生きる意味からの探求が不可欠で、その意味でスピリチュアリティは重要な概念になりつつあります。

宗教は、そうした人間の究極的な関心に深く関わってきました。ただ現実の教団宗教が、その議論に割って入れるのか、そもそも人々がそれを期待しているのか、宗教なしでも私たちは医療・看護・福祉や教育や平和や環境などの問題を解決できるのか、そうするべきなのか、課題は山積みです。

平成の三十年を振り返るとき、「生きづらさ」の胚胎《はいたい》をベースに、カルト宗教、江原さん的な意味でのスピリチュアルと来て、「生きる意味の探求」という意味でのスピリチュアリティが求められようとしている今、もう一度、広い意味での「宗教的なるもの」の再評価がなされるのかもしれません。

第3章

仏教は日本を救えるか——上田紀行

平成に起こった二つの「敗戦」

本章を執筆するにあたって、まず面白いなと感じたのは、私を含めて四人の著者全員が東京工業大学で教鞭を執っていることです。理系の大学に「宗教」を論じる人がこれだけいる。そのことの意味も考えながら、本章では、科学技術と宗教、あるいは大学教育と宗教、それらが平成の三十年間でどのような意味を持っていったのかを検証していきたいと思います。

私は、二〇〇〇年代半ばに「日本が第三の敗戦を迎えている」と指摘しました。第一は、言うまでもなく一九四五（昭和二十）年の軍事的敗戦です。第二は、一九九〇年代初頭のバブル崩壊による経済的敗戦。そして二〇〇〇年代半ば、とにかく経済を立て直すことだけに特化した結果、安心や信頼が失われる「第三の敗戦」が起きた——そう実感したのです。

では、なぜ平成の世に二度もの「敗戦」を体験することになったのか。それを知るために、まず「第一の敗戦」後について見ていきます。

「心の時代」が始まった

一九四五（昭和二十）年八月、広島と長崎に原爆が落とされ、戦争は終結しました。昭和天皇は、「余りに精神に重きを置き過ぎて科学の力を軽視した」と述べましたが、私はこの広島・長崎への原爆投下をもって、逆に「心の時代」が始まったと考えています。

なぜなら、「科学技術」というものが文字通り人類を滅ぼす力を持った。このまま核開発を続けて地球を滅ぼすか、あるいは平和を目指すのかという問題が、かつての対人兵器の時代とは比べものにならない次元で重要性を増しました。核兵器とつながったことによって、物質の時代が訪れたというよりもむしろ、自分たちの命運をこれからどうしていくのかという、人間の心のあり方が大きく問われる時代になったのです。

人間の心には仏様のようなやさしい面もあれば、非常に邪悪で暴力的な面もあります。その両面性のなかで、広島・長崎以後、東西冷戦の時代にどんどん核兵器が増強されてはいったものの、地球自体は破滅することなく何とか今日まで来ています。ではその間、人間が持つ暴力性はどうなっていたのでしょうか。

国内においては、敗戦直後の喪失感から朝鮮戦争を経て所得倍増となり、経済的には爆発的に豊かになっていきました。その後の五五年体制においては、ある意味で健全な暴力性の発露があったと思います。国会では自民党と社会党が対立しつつも、それは半ばプロレスのようなもので、双方が攻撃しながらお互いを立てるというかたちで推移した。また安保闘争や大学紛争など、若者の体制に対する反発も表出しました。

しかし一九六九（昭和四十四）年の大学紛争のあと、新左翼から連合赤軍に至るあたりで、そうした若者の異議申し立てが政治に向かうという流れが断たれていきます。新左翼の内ゲバや、連合赤軍のあさま山荘事件などで、学生運動やセクトといったものに対する日本人の見方は冷えていく。そうこうするうちにバブルが起こり、批判や否定はもうやめて、みんなでこの波に乗っていけばよいとなった。そして、平成が始まります。

批判的思考の停止

平成を語るうえで外せないのは東日本大震災であり、福島第一原子力発電所の事故ですが、世界に目を向けると、平成が始まる前の一九八六（昭和六十一）年、ソビエト連邦のチェルノブイリ（現ウクライナ）で大規模な原発事故が起きました。

「原子力」と「核」は、本来は同じものですが、核だと兵器になり、原子力だと文明を発展に導くよいものとされています。日本も核で攻撃されたにもかかわらず、原子力は賞賛され、人類のために使うという方向で研究・実用が進められました。そして、一方では深刻な公害などの負の側面を経験しつつも、工業化はよいという、科学技術に対する全幅の信頼が確立されていきました。

そこにチェルノブイリで事故が起きて発電所が爆発し、放射性物質が国境を越えて広範囲に飛散した。それを目の当たりにしたヨーロッパはどうしたか。原子力大国のフランスやドイツは、まず自国の原子力発電所にベントフィルターを設置しました。原子力発電所に異常が起きて格納容器の圧力を下げる際、放出される放射性物質の量を九九・九パーセント以上低減できるというフィルターです。

ところが、日本の原発はベントフィルターを付けることはなかった。日本の技術力や、安心・安全に関する品質の高さを考えたならば、設置していないのは一見するとおかしなことです。私は当時原発をつくっていた会社の優秀なエンジニアに、「なぜあのとき、日本はベントフィルターを付けなかったのでしょうか？」と質問したことがあります。すると彼は、「日本で原発は一〇〇パーセント安全だと言い張っていたので、事故を想定してベントフィルターを設置するとは言えなかったのではないか。また原発は完全無欠だと主張していたので、あとからベントフィルターを付けたら「完全無欠は嘘だったのか」と非難されるのが怖くて言い出せなかったのだと思う」と答えました。パリでの国際会議でこの発言を紹介したとき、海外からの参加者たちが、いっせいにフリーズしたのを今でも覚えています。

これが、いわゆる「安全神話」と呼ばれるものです。福島の原発事故が起きたあと、国会の事故調査委員会がまとめた報告書でも、あの事故はまったくの人災であり、しかも「MADE IN JAPANな人災である」という報告が出ています。要するに、安全神話のなかで批判的思考が停止し、合理的でないことに対しても何も言えなくなっていた。その状況は一九八六年のチェルノブイリ事故当時からあったのです。

先ほど、「科学技術に対する全幅の信頼が確立された」と言いました。科学技術とは本来、合理性に基づき、進歩を目指し、その過程で常に検証が行なわれるという批判的思考の集大成であるはずです。しかし原発においては、国策に組み込まれたことで、批判的思考の部分が完全に停止してしまっていた。民間においても、耐震偽装や品質データ改竄《かいざん》など、製造業でさまざまな不正が行なわれていた事実が明らかになっています。

いったいどうなっているのか。一人ひとりの技術者が、なぜおかしいと言い出せないのか――。そう思ってしまうところですが、その批判的思考停止の状況をさらに後押ししたのが、一九九〇年代になって入ってきた新自由主義でした。バブル崩壊後の日本では新自由主義が喧伝され、どんどん日銭を稼いでひたすら業績を上げることに価値観が一元化しました。儲からない部署は切り捨てましょう、だめな人はリストラしてもいいでしょう、という考えがまかり通るようになったとき、そうした動きを批判する機能も、この社会においては弱まっていったのです。

強さの錯覚と「第二の敗戦」

合理的であるはずの科学の世界においても、非合理を告発できない。個人とはかくも弱いものなのでしょうか。逆の言い方をすれば、人間は果たしてどのくらい強いものなのか、あるいは、個人はどのくらいの強度の圧力に耐えられるものなのでしょうか。この問いは、「宗教」を考えるときに常に語られることでもあります。

日本では一時期、個人が非常に強くなった（と錯覚した）ときがありました。バブルの時代です。一九八〇年代は、日本人が自分に自信を持った時期でした。「ジャパン・アズ・ナンバーワン」ともてはやされ、「怖いものはない、我々は勝利者だ」という意識が強かったと思います。

第1章で池上さんも指摘していたように、バブル期には個人による投資が過熱しました。それまでの、社会の群れのなかで自分の給料も増えていくといった横並び感覚とは異なる、のちの新自由主義にもつながる感覚がこの時期にかなり芽生えました。一九八六〜八八年まで私はスリランカにいたのですが、行く前は金儲けのために株を買うことは恥ずかしいという雰囲気がありました。ところが帰国すると、「何で株を買わないの？　せっかく儲けられるのに」という社会に一変していて、驚愕した経験があります。

個人で株を買ってどんどん儲け、夜遊びして六本木で万札を振りながらタクシーを止める。「自分たちは自由で何でもできる！」と、そんな状態——それが、実はバブルだった。個人が強くなったというのは錯覚で、日本社会だけで起きていたバブルのなかでの出来事だったのです。

そしてバブルが崩壊し、一九九五（平成七）年にオウム事件が起こり、一九九七（平成九）年に神戸の酒鬼薔薇聖斗《さかきばらせいと》事件が起きて、山一證券が破綻した。私はこの一九九五〜九七年あたりで、日本社会の底が抜けてしまった、つまり「第二の敗戦」が起こったと考えています。

そこに新自由主義が本格的に日本に入ってくる。その新自由主義的な自己責任論は、バブルのときに一人ひとりが投機で酔った経験があったため、集団主義の日本でもむしろ受け入れられた部分があると思います。その一方で、人間は弱いものだからみんなで支えていこうという部分は、そっくり外されていくのです。

目覚めた宗教者たちの力

では、バブルの夢が破れて社会の底が抜けたころ、日本の宗教者たちは何をやっていたのでしょうか。

第2章で弓山さんから、「教団は低迷しているけれども宗教者は元気だ」という話がありました。私もまた二〇〇四（平成十六）年、『がんばれ仏教！』（NHKブックス）という本を上梓《じょうし》し、NPOの主宰やイベントを通したネットワークづくりなど、若い僧侶の新たな試みについて紹介しました。転機を迎えた仏教のこれからを探る本としてご好評をいただきましたが、つい先日もあるお坊さんから、「あの本が出ていなかったら日本の伝統仏教の状況は十年遅れていた」と言われました。

それまでの日本の伝統教団では、僧侶は一人の顔を持った人間として独自の運動を繰り広げてよい、という発想はありませんでした。しかし一九九〇年代前後から、三十～五十代の人たちを中心に独自で活動をする人が現れ始めます。たとえば、チェルノブイリ原発事故の被災者やタイのエイズホスピスの支援をしたり、お年寄りのデイケアセンターをつくったり、寺を若者の演劇拠点にしてしまったり……と、私は本のなかで、個性的な活動を行なう一人ひとりの宗教者の姿を描きました。

私が彼らに注目し、その活動に心を動かされた背景には、私たちが伝統教団に抱いているイメージのなかに「僧侶は本当に信心しているのか？」と問いたくなる状況があったからです。世襲で家業としてやっているので、生きた言葉を語っていないのではないか。葬式仏教だから、その儀式さえすればいいと彼ら自身が思っているのではないか――そんなイメージです。

ただ、一方で彼らを弁護したい気持ちもあります。特に都会においては、あの破竹の勢いの経済成長の只中で、僧侶が法事に来て真面目に仏教を語り出し、「そんなものは諸行無常だ」とか「生老病死の苦しみとは……」と始めたらどうだったか。「お布施をあげるからサッサと読経して帰ってくれ、マジに布教なんかしないでよ」と煙たがったのではないか。ユーザー側がそんな気分だったのに、経済成長が止まって不安を感じる時代になり、生きる意味がわからなくなってきたところで、急にお坊さんに「あなたたちはちゃんと宗教をやっていない」と責めるのはアンフェアでしょう。

1995年4月、阪神・淡路大震災で大きな被害を受けた神戸市長田区の商店街にて。「曹洞宗ボランティア会」の呼び掛けで犠牲者の法要が営まれた（提供：共同通信社）

それはさておき、そうしたなかでも目覚めた宗教者がいたことが大事です。彼らに共通するのは、生《なま》の苦しみに直接触れた体験です。たとえば、宗派の名を冠したボランティア組織で最も早いものに「曹洞宗ボランティア会」がありますが、その活動の発端は一九八一（昭和五十六）年、曹洞宗がインドシナ難民の支援のために若手僧侶を現地に送ったことでした。インドシナ難民のほとんどは仏教徒です。難民キャンプでは感染症などで次々と人が亡くなり、彼らを救うために全世界から医師や看護師が集まっている。では自分たちは何ができるのか――。若い僧侶たちは考えた末にあることを思いつきます。

難民キャンプでは、子どもも親もボロボロな状態だけれど、子どもたちが笑顔になれば親も元気になる。だから子どもたちのための移動図書館をつくろう——と。そこで彼らは、現地の本は燃やされてしまっているので、日本の絵本の日本語の部分にクメール語の訳を貼り付けて、即席の絵本をつくります。日本の檀家の人たちが貼り付けに協力し、それを現地に持ち込みトラックに積んで、難民キャンプを回るところから始めました。

それから時を経て、名称は「公益社団法人シャンティ国際ボランティア会」に変わりましたが、今も日本を含むアジア各地で災害救援事業を行なう国際開発NGOとして広く活動を続けています。その間に起こった阪神・淡路大震災（一九九五年）、新潟中越地震（二〇〇四年）、東日本大震災（二〇一一年）の支援活動でも存在感を示しました。この曹洞宗ボランティア会の例は、本当の苦悩に直面したときに宗教者がどう目覚めて、どう行動し、そのノウハウを蓄積してどう次につなげたかを知る、恰好の手本だと思います。

一九八〇年代までは、経済成長下で苦悩が覆い隠され、日本仏教の改革も進まず「葬式仏教」と揶揄《やゆ》されるようになりました。しかしその後、生きる人間の苦悩に触れ、目覚めた僧侶たちが現れはじめます。彼らは本気で共感し、本気で語っているので、その言葉は聞く側にしっかりと伝わります。

誰もが挫折し、失敗し、会社も潰れる時代になった今、個人のレジリエンス（困難な状況に適応して生きていく力）が求められています。そんなときだからこそ、目覚めた宗教者一人ひとりの言葉が非常に重い意味を持つのです。

理念を語れない若者たち

『がんばれ仏教！』で紹介した僧侶たちには共通した思いがありました。それは、オウム真理教の若者たちが発した「寺は単なる風景だった」という言葉に対する強い憤りと情けなさです。「なぜ、そんなことを言わせてしまったのか」という口惜しさを、彼らは異口同音に語りました。

要するに、オウム事件の衝撃により、伝統仏教の内部である種の再帰化が起こったのです。今までと同じことをしていてはだめだ、お葬式にしても再帰的にとらえていかないとどうにもならない――という最後通牒を、オウムによって告げられた。それが多くの宗教者にとっての目覚めるきっかけとなりました。

しかし今の三十代になると、オウム真理教のインパクトをほとんど知りませんし、葛藤もない。だから宗教者でも、わりと素直に家業を継ぐために実家の寺に戻って副住職になっていたりします。その良し悪しはともかくとして、オウム事件を知らない一般の若い世代で、最近私が気になるのが「理念なんてきれいごとだ」とする彼らのふるまいです。これもオウム事件を起点に考えてみたいと思います。

オウム真理教は最終的に無差別テロを起こしました。しかし彼らの論理では、それは憎しみから出た暴力ではなく、人々を救うための手段でした。理念とは、狂信的な思想と結びついたときは、かように危険なものです。

しかしその一方で、近ごろはこうも感じています。今の若い人たちと話していて何かの理念を語ると、「それってきれいごとですよね」と返されることが多々あります。この社会はこうあるべきだなどと発言すると、現実主義的ではないと反発されてしまうのです。理念とはある意味、実現するかしないかは別にしてその人がこうありたいと願う「本音」なのですが、その本音を語ると、「あいつは理念なんか語って嘘臭い」と言われる傾向が、特にネット上では顕著です。

なぜそうなってしまったのか。ここで私が思い出すのが、オウム世代に大きな影響を与えた歌手・尾崎豊のことです。若くして亡くなった彼は、自分たちは社会というシステムによって汚されている。でも「本当の自分」は、汚れなき美しいものであるはずだと考えていました。尾崎豊に共感した世代は、あらゆるものがシステムの奴隷であるとわかっているなかで、自分は「本当の自分」を探していく、「本当の自分＝善」と想定していたのです。

ところが、今の若者は「本当の自分を出すまい」としている。なぜなら、それは汚れているからです。すなわち、一九九〇年代から二〇〇〇年代のどこかで、「本当の自分」の転換が起こった。本当の自分は美しいが世俗にまみれてしまったというものから、本当の自分自体が汚れていて、それを出すと人との軋轢《あつれき》を生んだり、人に暴力をふるったりするかもしれないから、本音は語れないというものへ――。そのため、今の学生たちに単に「本音で語ろう」なんて言おうものなら、「それはできません。そんなことしたら、ほかの人に何を言われるかわからない」となる。本音で語るにはかなりの仕掛けを用いなければいけない時代になってしまいました。「本当の自分は美しい」と思っているのは、尾崎豊あたりが最終世代なのかもしれません。

「第三の敗戦」――二〇〇六年、東工大で

理念を語れない現代の若者たち――その象徴とも言える例をここで紹介しましょう。本章の冒頭で、二〇〇〇年代半ばに「第三の敗戦」が起きたと述べましたが、それは私自身の体験から感じたものです。

二〇〇五（平成十七）年、私はアメリカのスタンフォード大学で一年間講義をしていましたが、その年の十月に小泉内閣が郵政選挙で大勝利をして構造改革が始まりました。翌年帰国すると、小泉首相が当選したての、いわゆる小泉チルドレンに対して「政治家だって使い捨てだ」と言っていた。つまり、「巷《ちまた》で〝使い捨て〟という言葉がはやっているけれども、君たちだって票がなくなったら使い捨てなんだぞ」という訓示を行なっていたわけです。

それを聞いた私は、ものすごく腹が立ちました。物だって使い捨てはもったいない。それを人間に対して平然と用いるとは何事か。そもそも使い捨てられている人が大量に出ているのは社会にセーフティネットがないからなのに、一国の宰相が使う言葉か――と怒りを感じたのです。

そこで、東京工業大学の文化人類学の授業で、二年生二百人に「小泉さんは、人間は使

い捨てだといっているけれど、そう思う人は手を挙げて」と聞いてみたのです。そうしたら、なんと半数の百人ほどが手を挙げた。私はこれには本当にびっくりすると同時に、とてつもなく悲しくなりました。

二百人のうち百人が「使い捨て」と思ってしまう国というのは、もう長くはないのではないか。二十歳の若者にこんな気持ちを抱かせてしまう社会は根本的に間違っているのではないか――。たとえば、高校の先生が卒業式で「みなさんはこれから社会人となって世の中に出ていきますが、使い捨ての気概をもってがんばってください」などと言ったらおしまいでしょう。にもかかわらず、そんな言葉を享受している。

これは「支えの喪失」とも言えます。自分の身に何があっても社会は助けてくれない。すべては自己責任とされ、失敗した人間は見捨てられ、使い捨てとなる。そんな社会が社会と呼べるのだろうか。それは心の焼け野原の風景ではないのか――。安心と信頼の敗戦、つまり「第三の敗戦」だと私は思いました。

さらにもう一つ、別の例も紹介しましょう。先ほどの講義と同時期より、私は社会正義と内部告発の問題について、毎年学生に同じアンケートを取っています。内容は以下のようなものです。

あなたが東工大を卒業して大企業に就職し、東南アジアの工場に派遣された。ところが、その工場では川に毒を垂れ流していて、下流で老人や子どもたちが亡くなっていることがわかった。あなたはそれに気づき、工場長に報告して排水を止めるよう進言する。すると工場長は、「いやいや、それは俺たちの問題じゃないだろう。俺たちは三年の期限でここに来ている。生産のシステムをつくったのは本社の人間だから、これは本社マターで社長が決めることだ。俺たちが声を上げたら俺たちが馬鹿を見る。現場の俺たちは知らないことにして、黙っておくのが処世術として一番だ」と答えた。あなたは社内の他の人にも相談するが、誰も賛同してくれない。さあ、どうするか？

答えは三択です。①自分の名前を出して内部告発する。②匿名でインターネットなどに書き込む。③何もしない。

私の教え子たちはどういう反応を示したか。二〇〇六年の結果は、二百人中で、①が五人、②が十五人、そして残りの百八十人が③の「何もしない」に手を挙げました。

私はさすがにうなって、「自分が勤めている工場の排水で人を殺しているんだよ。どうして何もしないの?」と言ったら、みんなが顔を見合わせて、「何を熱くなってるんだよ、先生。するわけないじゃん」という表情を見せていた。

この二つの体験を通して、私は退職するまでに、人間を「使い捨て」と思う若者と、他人の苦しみより自分の保身を選ぶ若者をゼロにする、と心に誓ったのです。

自己肯定感の低い日本人

ところで、よく考えてみると、この二つの事象は連関しています。つまり、もし工場で私が内部告発をしたとして、その企業から報復としてリストラされたとしたら、「ほら、使い捨てになったでしょう。自業自得」と言われて終了です。社会に「支え」というものがないときに、人の言論の「自由」は失われていきます。長いものに巻かれて自分の保身だけを考えていくようになる。つまり「支え」と「自由」は、実はコインの表と裏の関係なのに、新自由主義の「自由」とは、人の「支え」を外しておいて経済的な利得の追求だけ自由にやりましょうという、「支え」のない「自由」なのです。

前に述べた安全神話や品質データ改竄の話も同様です。私たちは当初、新自由主義が広がって市場の力が強まれば、悪い製品は駆逐されていくと思っていました。しかし、現実は逆でした。なぜかと言えば、現場の人が批判的思考を働かせて不正を一つひとつ言挙げしたら、その人自身がリストラされるからです。そして、リストラされた者はリスタートできないと思わされる状況が無意識の圧力となり、それが不安の源泉となって、そうしたことを言い出せない状況がつくり出された。「支え」がないとそうなってしまうのです。

社会には支えられていなくても、たとえば、阿弥陀様が見ている、キリストが見ている、アッラーが見ている、といった「支え」があれば、生きていけるかもしれません。私の前の前の世代などでは、「お天道様が見ている」という言い方がありました。あなたのその善行は必ず誰かが見ているという、より大きな「支え」があればよかったのです。

しかし現代社会では、そうした「大いなるもの」の世界は縮減してしまい、目に見える人間関係だけで生きる世界になってしまいました。小学校のクラスでは、いじめはよくないと発言すると、自分が次のいじめのターゲットにされるため、子どもたちは息をひそめて、みんなに気に入られるようにして暮らしています。そういうメンタリティが、社会全体に横溢《おういつ》しています。

これでは自由社会でも、正義社会でもありません。「支え」が外された社会に放り込まれたら最後、人間がいかに弱い存在になるかということを、よくよく考えていかなければいけないと思います。

私はこの問題を非常に深刻にとらえているため、もう一つ衝撃的なデータを紹介します。二〇一一（平成二十三）年三月の「高校生の心と体の健康に関する意識調査」で、韓国、中国、アメリカ、日本の高校生約千人（韓国は四千人弱）から取ったものです。「私は先生に優秀だと認められている」という設問に、「全くそうだ」「まあそうだ」と答えた人は、韓国四〇パーセント、中国は五五パーセント、アメリカは八二パーセント、日本は一八パーセント。「親は私が優秀だと思っている」は、韓国が六四パーセント、中国は七六パーセント、アメリカは九一パーセント、日本は三三パーセントです。「自分が優秀だと思う」に、「全くそうだ」「まあそうだ」と答えたのは、韓国は四七パーセント、中国は六七パーセント、アメリカは八八パーセントで、日本は一五パーセント（「あまりそうではない」は三八パーセント、「全然そうではない」は四五パーセント）。「私は価値のある人間だと思う」は、韓国が七五パーセントで、中国が八八パーセント、アメリカは八九パーセント、日本は三六パーセント（「あまりそうではない」が四六パーセント、「全然そうではない」が一七パーセント）です。「あまりそうではない」「全然そうではない」に〇をつける日本の高校生の姿を思い浮かべるだけで、私は泣きそうになります。

東工大生はどうかと言えば、韓国と日本の中間くらいです。東工大生ならば優秀なのではないかと思われるかもしれませんが、アメリカのようなスコアにはなりません。「なぜ、自分が価値ある人間だと思わないの？」と尋ねると、「いや、ノーベル賞の山中伸弥先生とか浅田真央ちゃんとかは価値があると思いますが、自分はふつうの人ですから」と答える。要するに、有名人は価値があるけれど、ふつうの人には価値がないというわけです。

一方で、「自分が優秀だと思う」が、アメリカでなぜ八八パーセントもあるのか、不思議に思われる方もいるでしょう。これは、アメリカへホームステイなどに行ってみるとわかりますが、大人は子どもをとにかく褒めます。「この前の学芸会でお前が詩を読んで、お母さん泣いちゃったわ」とか、「お前はギターがうまいな。俺みたいなオンチからこんな天才が生まれるのは奇跡だな」とか、ボランティア活動をしている子であれば「わが家からこんなにやさしい子が出るなんて」とか、学力の成績だけでなく多面的に褒めるので、子どもが自信を持ちやすいのです。日本の場合は、優秀かそうでないかを問われたら、まず偏差値を気にするでしょう。

もう少し項目を見ていくと、「私は努力すれば大体のことができる」は、韓国八四パーセント、中国八九パーセント、アメリカ八九パーセント、日本四四パーセント。「私は辛いことがあっても乗り越えられる」は韓国六八パーセント、中国八三パーセント、アメリカ九〇パーセント、日本六〇パーセント。「自分の希望はいつか叶うと思う」は韓国六八パーセント、中国八〇パーセント、アメリカ七七パーセント、日本五六パーセント……というように、私たち日本人の自己肯定感や未来への明るい見通しが、非常に低いことがわかります。

「生きる意味」を自らつくる

では、なぜそれでも暮らせてきたのかと言えば、私たちの属している集団がそこそこうまくいっているという安心感があるからです。つまり、個人的にどうこうではなく、集団に属していることが大事なのです。

丸山眞男の『日本の思想』（一九六一年、岩波新書）のなかに、「「である」ことと「する」こと」という有名な章があります。日本人の場合は、「する」ことよりも「である」ことの方が決定的に重要である。たとえば東工大で何を「する」かよりも、東工大に入ったこと、東工大生「である」ことという集団の帰属の方が大切だというわけです。

しかし、そうは言っても、その集団のなかで「個人的にはどうなのか」という疑問が当然生じてくるでしょう。大企業の三菱グループに入ったことが大事でも、そのなかで自分は何をしているのか――。経済成長が続いている間は、その問いを封印できたからそれでもよかった。そしてその間、日本人は「個」というものを突き詰めてはきませんでした。「私自身とは何なのか」「私の生きる意味は何なのか」という根源的な問いに向き合ってこなかった結果、今になって、いろいろな問題が引き起こされています。

「集団に属していればOK」という個は、徹底的に交換可能になります。「私でなくたっていいじゃん」となる。たとえばオウム真理教の信者たちは、東大、京大、早稲田、慶應義塾といった偏差値の高い大学に通っている人が多かった。でも彼らは、「自分は誰か別の人の人生を生きさせられている」、すなわち「生きづらさ」を感じていたと言います。優秀な集団に属しているのに、何か絵に描いたような、現実とは異なる人生を送らされているという感覚――。

だから宗教も、教団に入っていればよいというところから変わらなければいけない。そのことに最初に異議申し立てを行なったのがオウム真理教であり、信者一人ひとりの最初の思いはそうだった。ところが、その後は教団内部の集団性にからめ取られてしまった。日本の社会というものは、個の次元が出てきても、いつのまにか同調圧力や権力志向、そして共依存といった集団性の論理に取り込まれていく傾向が強い。そのなかで、いかにもう一度、「個の救い」というものを取り戻していくのか——それが今後は大事になってくると思います。

そこで考えるべきは「超越性」の問題です。超越性は、宗教の核心をなすものとして必ず論じられるもので、そもそも「宗教とは超越的なものへの信仰である」というのが、昔から言われる宗教の定義です。

私たちは日常の意味世界のなかで毎日を生きています。「今日は何を食べようか」「この一時間でいくらお金が稼げるか」「テストでよい点を取らなければ」などなど。でも、「そんなふうに生きていて何の価値があるのか」とふと考えるとき、どんな人でも超越的な意味が欲しくなります。平凡な日常の意味を超えるような光が、天から差してくる瞬間を得たい——そうした渇望を抱くのです。

第1章で池上さんが触れたように、ジハードのためにＩＳに行って自爆をしたら、ある種の超越的な意味を体感できるかもしれません。しかし、そんな道しか残されていない社会にしてよいわけがありません。

そのときに思うのは、「超越性とはどこにあるのか」ということです。それは自分の外にあるのか、あるいは自分の内側に見出すことができるものなのか。私が考えたいのは後者です。それは徹底的に外にあって、誰かすごい教祖を見つけてその人にすがればいいというような主体性のないあり方ではなく、毎日の暮らしのなかで超越性に触れ合っていきながら、自分がそれを深めていけるような意味をつくりあげていく――そのことを一人ひとりが考えることが、これからの成熟した社会の中心的な課題になっていくと思います。

だから私は、「志」ということを強く説きたい。それは単に社会に貢献しましょうということではなく、超越的な意味を自ら徹底的につくり出していく人になるということです。

志を認め合う社会であれば、たとえば、「僕は技術開発をして世界の貧困を本当になくしたいと思って、そのために今一生懸命数学を勉強している」という友人がいたら、「お前、がんばって数学の点数を俺の二倍とってくれよ。そうして世界の貧困をなくすためにさらに勉強して、もっと優秀になってくれ」と言えるはずです。しかし現実には、小さな閉じた村的集団のなかで、あいつが一番で、俺は二番、あいつは東大だ、東工大だと、つまらないことばかり言って張り合ってしまっている。自分が優秀だと発言しようものならいじめられるという狭い社会になってしまっています。

若い人たちには、偏差値がいくつとか年収がいくらとか、そうした日常会話のなかで

「いいね」と言い合うのではなく、自分の内面から沸き上がり突き抜けていくような「生きる意味」をつくっていけるかどうかが問われていると言いたい。東工大のリベラルアーツ教育改革の柱は「志」を育む教育ということなのですが、そのことをまさに教育者としての立場から実現していきたいと思っています。

ダライ・ラマの言葉

ここで、ダライ・ラマの言葉を紹介します。第1章で池上さんがダライ・ラマの話をされましたが、私も対談させていただき、『目覚めよ仏教!』（二〇〇七年、NHKブックス）、『ダライ・ラマとの対話』（二〇一〇年、講談社文庫）を出版しました。

そのとき、私は「仏教とは怒りを鎮めるものだと言われますが、社会の差別などを見ると非常に腹が立ちます。そうすると日本のお坊さんからは「修行が足りませんな。どんなことがあってもニコニコと達観しているのが仏教の悟りです」と言われますが、それが本当に仏教なのですか?」と尋ねました。

すると彼は、「仏教は慈悲の宗教ですから、苦しんでいる人がいたら憤《いきどお》って当たり前です。怒りには二種類、悪意からの怒りと慈悲からの怒りがありますが、慈悲からの怒りを持つのは仏教徒として当然でしょう。不動明王がなぜあんなに怒っているのかと言えば、そんなばかなことをやっていたら、おまえは幸せにならないぞという理由で怒っているのです」と答えました。

怒り、憤りは仏教において重要だけれど、それはほかの人にぶつけるものではない。決定的に縁起の法則に則《のっと》って、何がそれをもたらしているのかを考えるのが仏教です。テロリストを殲滅《せんめつ》するのではなく、なぜテロリストが生まれたのかを見なければいけない。

もしも、あなたが貧しい国に生まれ、教育もなく育ったとします。一方で向こう側の先進国では一人一台車を持つ富んだ人たちがいて、その格差はどんどんと広がっていく。そんなときに、宗教指導者から自爆テロをすることこそが愛国だと言われて、テロリストにならない自信がどこまであるか。自信がないとしたら、そのテロリストを責めるというのは仏教的な考え方ではありません。社会構造がテロリストを生み出しているのだという縁起の考えをとるのが仏教の考え方です。

アメリカの大学でダライ・ラマが講演したときのことです。彼の言葉に感動した人が「あなたはとても幸せそうで、生きる元気があって、私たちに元気をくれる。でも、あなたの国は中国に併合され、その後、計百二十万人ものチベット人が人権問題で殺されていて、あなたは世界のなかで一番絶望している人であるはずなのに、なぜそんなに元気で、幸せそうにしていられるのですか?」という質問をしました。
以下が、それに対するダライ・ラマの答えです。

私たちの仏教の教えでは因果応報、つまり、すべてのものが縁起の法則でつながっています。あのとき(一九四九年以前)、チベットは本当に素晴らしい国でした。けれども政治は鎖国政策をしていて、世界の不幸など考えず、宗教者も自分の檀家であるチベット人だけが幸せになればいいと思って、世界でどんなに苦しんでいる人がいても目を向けませんでした。

そこで慢心していて中国に攻められて植民地になったとき、誰も助けてはくれませんでした。しかし、今や私たちは世界の苦しみに対して開かれています。世界の人たちに私たちのチベット仏教を広めながら、何とか平和をもたらしていきたい。そして、そのことでノーベル平和賞をいただきました。

人間、悪い種を蒔《ま》くと、どこかで悪いことがある。でも良き種を蒔いていけば、必ずどこかで良きことが起こります。それを仏教徒は信じている。ただ、それはすぐには起こりません。今こうして願っているからといって、私の目の黒いうちにチベットが解放されるかどうかはわかりません。

しかしながら、あなたが勇気を持って質問してくれて、これだけの人が今日集まって、私たちと一緒の時間を持って世界の平和のことを考えました。その良き種は必ずや、いつかどこかで芽をふいて花を咲かせます。だから私たちはそのことを確信して、絶望のど真ん中にあっても、良き種を日々蒔いていく。その幸せに対しては一〇〇パーセント、幸福になれるのです。

そう言って、彼は「ワハハ」と笑ったのです。私はそのとき、本当に号泣しそうになりました。

なぜ日本では、短期的な評価というものに振り回され、良き種を蒔くという、その幸せに気づけないのでしょうか。宗教というものは、ある意味で世代を超えた良き種を蒔いていく連鎖を確信することで、そこに超越性があります。自分の人生で、これをしたらこう刈り取れるということは超越性ではなく、普通の人生計画です。そこを超えて、この世をよくしていこうという志や超越性を私たちが獲得していけるかどうかが、大きな意味で問われています。私はそれを教育のなかで実現し、若者に開かれた大きな志を持ってほしいと思っています。そして、年長世代の方々にもぜひ良き種を蒔いていただきたいと思います。

「説く仏教」から「聞く仏教」へ

私は『がんばれ仏教!』のなかで、一人ひとりの苦悩の声を聞きながらオーダーメイドの救いをつくっていく僧侶や寺のあり方を評価しました。それまでの日本の仏教は、信者の顔も見ずに決まった教えを説く仏教でした。しかし、そもそもお釈迦様が言ったのは、「苦しんでいる人がいたら、その苦しんでいる人の苦しみに声を届ける」ということであったはずです。であるならば、これからの仏教は「説く仏教」から「聞く仏教」に変わっていくべきではないか。つまり、一人ひとりの苦しみに耳を傾けて、個として救っていくということが必要ではないかと思います。

それを気づかせたものが東日本大震災だった。本当に苦しみに直面している人に対してどうしたらよいのか。単に言葉で「救う」というだけではなく、一人ひとりの苦しみにどうやって直面するのかということを宗教者たちが問われたのです。

仏教は、生老病死の苦や思い通りにならない悲惨な苦の体験を、ご縁に変えていく装置だと思います。一人ひとりが向き合う苦はとてつもなく無常だけれど、それが寺という場でご縁に出会い、そこで苦を中心に絆が再編されていく。ところが、これまではそのことにあまり気づかれてこなかったのです。

二〇〇六（平成十八）年、宗教学者の山折哲雄さんと「葬式仏教はこれからどうあるべきか」について論争したことがあります。そのとき、「私は文化人類学者だから葬式は必要だと思う。今はだめな葬式があまりにも多すぎることが問題なのであって、でもやはり人を弔《とむら》って、その苦悩をみんなで引き受けることは必要ではないか」と述べました。すると山折さんは、「このごろはグリーフケアなどと言っている僧侶がいるが、くだらない。仏教の中心は無常なのだ。無常に直面し、無常を味わうのが仏教。坊さんがグリーフケアするなんて仏教ではない」とおっしゃった。

しかし仏教は教義としてだけ存在しているのではありません。たとえば、有名な「キサー・ゴータミー」の説話はそのことを教えてくれます。ブッダが弟子と一緒にインドの村々をめぐっていたとき、ある村に幼子の亡骸《なきがら》を抱え、悲しみにうちひしがれた母親が訪ねてきます。あなたはたいへんな力を持っておいでだ、ならばこの子を生き返らせてください、と言うのです。ブッダは彼女に「ならばこの村をめぐって、死者の出ていない家があったらその家から芥子《けし》の実をひとつもらいなさい。その実が三つになったら私はその子を生き返らせよう」と言います。彼女は村々の家を訪ねますが、どの家からも芥子の実を得られず、帰ってきます。そして「人間は無常なものです。そのことがわかりました」と言って、出家して仏弟子になったのでした。

この話は一見、「全てが無常である」という真実に気づいたから救われたと思われがちです。しかしその真実を言葉で説くのではなく、彼女に村の家々を訪ねさせたところにブッダの慈悲があります。村人たちは悲しむ彼女に声をかけたことでしょう。「私も小さな子どもを亡くして悲しかったよ。だからあなたの気持ちはよくわかるよ」「みんな悲しみを抱えながら助け合って生きていくんだよ」。そこには悲しみを分かち合う、村人とのご縁が生まれ、そこから人間は生き直す力を得られるのです。

たしかに仏教は、無常の思想など哲学的に深いものを持ってはいますが、一方でお寺の仏教とは、人の死や苦を受けとめながら、それをご縁に変え、それでも私たちは無常のなかを生きていくのだと人々に力を与え、人生を援助するものだと思います。まさにレジリエンスです。お寺や仏教が持つその機能が、震災で日本がボロボロになったときに初めて生きた。多くの宗教者が気づいたのです。

それまでの葬式仏教は、お坊さんがただ仏さんの家に行って何かありがたい話をするだけで、ご縁を生んでいくということに自覚的ではありませんでした。ならば法話によって深い真理に目覚めるかと言えば、必ずしもそうでもない。

オウム真理教の信者たちが「寺は風景でしかなかった」と言ったのは、日本仏教が思想的にも、そして実践的にも日本人を救ってはいない、救おうとしていないということへの強烈な批判だったでしょう。

しかしそこで、宗教は理念であるという方向に暴走し、罪を犯す可能性のある人間は殺したほうが仏法にかなうといった、とんでもない犯罪にオウムは走ってしまいました。キサー・ゴータミーが村人たちに救われたという、苦しみが生みだすご縁の大切さにはまったく気づけなかったのです。そして、オウムのその大きな過ちを他人事としてではなく、自分たちが生みだした状況だと引き受けたことから、日本仏教の新たな可能性がひらけてきたのです。

それは日本仏教の「再帰化」と言ってもいいでしょう。単に昔の地縁血縁を復活しましょうというのではない。そうした旧態依然とした縁のあり方はいつしか単なる「慣習」

になり、単なる風景になってしまいました。そこからもう一回ご縁のありがたさに気づき、人間の生きる辛さ、苦しさから新たなご縁を創造していこうという動きが、オウム事件以後の日本仏教の流れとなったのです。

そのなかで葬式仏教の見直しも起こっています。亡くなる前からしっかりと檀家にかかわり、寺と檀家がともに死に向かい合っていくようになれば、葬式仏教にもまだ可能性はあります。今までの日本の葬式仏教に絶望するのもわかりますが、だからと言って、では家族葬にしましょう、直葬、つまり火葬だけでいいでしょう、というのはどうなのか。超高齢化の「多死社会」が訪れているなかで、やはりもう一度、よりよい葬式仏教を求める方向からのかかわり合いもまた急務なのです。

社会全体が目覚めるために

本章の最後に、先に述べた東工大生に毎年行なっているアンケートの後日談をお伝えしておきましょう。二〇一一（平成二十三）年、原発事故の三ヵ月あと、学生二百人に同じ工場排水の質問を投げかけました。すると、「名前を出して告発する」が三十人になり、「匿名でネットなどに書き込む」が百人になり、「何もしない」が七十人になりました。その翌年の六月には、「名前を出して告発する」が五十人になり、「匿名で書き込む」が百二十人になり、「何もしない」が三十人になりました。原発の大事故を目の当たりにし、戦後日本社会に蔓延していた「安全神話」があのような事故を引き起こしたのだと認識したことで、若者もまた、宗教者と同様に目覚めていったのです。

苦しみに向かい合ったときに人は目覚めます。仏教が一切皆苦、全てが苦しみであると説き、生老病死の苦しみを説くとき、それは単にそれを諦めて受け入れるということ以上に、その苦しみの自覚が生みだす新たな認識と行動への目覚めに焦点が当てられているというべきでしょう。

ただ、そうした一人ひとりが目覚めていくことと、この社会全体が目覚めていくということが、リンクしていくのかどうか……。若者がそうした批判的思考に目覚めて社会に出ていったとき、果たして自由に発言できる素地というものが、日本社会にできあがっているのか。そこが問われてきます。

そして先ほど述べたように、真の「自由」は「支え」なしではもたらされません。支えなき社会は、人々を保身に走らせ、権威、権力の前で無力となってしまうことを私たちは見てきました。となれば、今後の日本社会の課題はいかに「支え」を再構築するかにかかっ

2011年9月、宮城県女川町の海岸にて。東日本大震災から半年、多くの僧侶が全国から集まり、海に祈りを捧げた。「支え」としての宗教が今求められている（提供：共同通信社）

ています。

その「支え」はもちろん宗教だけに求められているわけではありません。社会経済的な側面での支えが重要なことは明らかでしょう。広がりつつある貧困、排除の構造に歯止めをかけ、まさに人間が「使い捨て」とならないような社会の構築が絶対に必要です。

しかし政治や経済の領域での支えだけでは不十分なことも私たちは実感してきました。株価の変動に人々の元気が連動してしまうような社会は果たして幸せと言えるのか。むしろ経済状況に左右されない幸せを持つことが重要なのではないかという視点です。

ダライ・ラマは〈変動する幸せ〉と〈変動しない幸せ〉について語っています。お金が手に入る、出世をする、仕事で成功する、それらは幸せなことですが、〈変動する幸せ〉です。それだけを幸せとして生きれば、お金を失う、職を失う、仕事で失敗するとなれば、とたんに不幸になってしまいます。しかしそれとは別に〈変動しない幸せ〉があり、それを仏教は探究しているというのです。幸せを二つの種類に分ける、それは大きなヒントを与えてくれます。

今求められているのは、「人生の複線化」でしょう。世界中のほとんどの社会は聖と俗の二つの世界から構成されています。もちろん近代とは世俗化の進む社会で、そのなかで宗教の存在感は一見希薄化しているようにも見えますが、しかし世俗化されたとされる社会のなかでも、まだまだ宗教は重要な位置を占めています。そのなかで日本は、近代化という歩みに加えて、戦後の破竹の経済成長という要因が、社会と人生の経済的利得への一元化を大きく推進してきたように見えます。経済に生きる価値を一元化しても、その経済が絶好調ならば大きな不満も不安も生じず、その状態が長く継続して、その右肩上がりが「無常」であるとも気づかないほど恒常化してしまったのが戦後社会でした。

しかしバブルが崩壊し、それ以後経済成長はストップします。私たちの意識はその現実についていけず、それ以前の経済成長時代の価値観に一元化されたままで、それが私たちに大きな不幸をもたらします。

この三十年間を振り返ってみれば、オウム真理教の事件はそうした一元化した社会意識への急激な反動であったと見ることもできるかもしれません。一元化された世俗社会を悪と断じ、そこから一気に宗教的世界の優越性から絶対性へと飛躍していき、あの悲惨な事件を引き起こしていきました。

一方で一九九八（平成十）年、前年の山一證券の倒産に引き続く金融機関の破綻の年に自殺者の数が急増し、それから二〇一一（平成二十三）年までの十四年にわたって年間三万人を超える人たちが自死し続けたという痛ましい状況は、一元化された社会と社会意識における救いのなさを物語るものだと言えるでしょう。

この平成の三十年間はそれ以前に形成された一元化された社会が壁にぶつかり、オウムのような過激な犯罪を生みだし、他方では自殺やうつ病の蔓延といった構造的な病を生みだしてきた時代でした。そして平成の世が終わりつつある今、ようやくそこからの変化の兆しも見えてきています。

「悟り世代」と呼ばれる若者たちのなかには、一元化された価値観をもはや共有しない人たちが現れてきています。数年前に、私の『生きる意味』（二〇〇五年、岩波新書）を読んだ学生から「日本は、昔は右肩上がりの時代が続いていたんですね。そしてお父さんはその世代の人なんですね。お父さんがその時代の認識で自分に説教してきて、それで全然通じないんだと本を読んでやっとわかりました」と言われて、あの経済成長の時代を知らない若者世代が現れたことに驚かされたものですが、現代の若者は新自由主義的な経済至上主義に乗っていく人たちと、そこから降りていく人たちと両極化してきているようです。

そして一元化された社会意識を代表する団塊の世代も次々と退職して、会社の名刺も月給もなくなって、これから自分自身に向かい合っていくことになります。さらにその先には老病死という避けられないプロセスが待っています。

「人生の複線化」という生き方へ

一部の政治家や経済界の人たちはまだ旧来の一元化された意識から先に進めないでいるようです。しかし老若男女の多くは、そこから脱しようとしている、あるいは脱しないと生きていけない状況にあると言ってもいいでしょう。

その時代の転回点にあって、私たちはどう生きるべきなのか。

それは「人生の複線化」しかないと私は思っています。『人生の〈逃げ場〉』（二〇一五年、朝日新書）でも力説したことですが、経済活動への一元化でもない。さりとてオウムのような宗教への一元化でもない。お金を儲ける、社会的地位を築くといった世俗的な道と、自分がワクワクすること、苦難に陥ったときに支えてくれるものといった経済に還元されない道の二つの道を自分のなかに確保していくことが、これからの私たちの人生を真に豊かにしていくと思うのです。

宗教はそのなかで大きな役割を担うことになるでしょう。それはかつてのような地縁血縁に則って、私たちに帰属意識を与えるというものから大きく変化していくことが求められています。一人ひとりの苦悩を聞きとどけ、そこで仲間と出会い、語り合い、ご縁を生みだしていく。そんな支えとしての宗教が求められています。そして宗教が一人ひとりをより大きな正義や公正性に開いていくものになれるのかどうかが問われています。

すでにその強い自覚を持っている宗教者がたくさん現れてきています。そして、さらに多くの日本の宗教者がぜひそうした大きな自覚を持ってもらいたいと思います。それとともに、国民が「複線の道」としての宗教に期待を持ち、それゆえに堕落している宗教者に対しては厳しく対処し、しかしがんばっている宗教者は支援する、そうした好循環をこの国に生みだしていくこと、それが平成の試練を経ての大きな展望となるように思われるのです。

第4章

平成ネオ・ナショナリズムを超えて

——中島岳志

宗教とナショナリズムの時代

私は、平成三十年間を通じての大きな問題として、一つは実存の問題としての宗教の再活性化、もう一つは政治やアイデンティティの問題における右傾化があると考えています。「宗教」と「ナショナリズム」——この二つが平成を貫くキーワードです。

まず、宗教の再活性化を枠組みとして論理的にとらえておきましょう。これについて重要な分析をしているのは宗教社会学者のホセ・カサノヴァという人です。一九八〇年代から九〇年代にかけて「公共宗教論」を唱え、近代において宗教は世俗化していくと言われるが、それは違うのではないかと述べた学者です。

宗教の世俗化は三層構造とされています。一層目には、宗教がさまざまな領域から分化していく現象としての世俗化がある。かつて宗教はホリスティックな全体性を持っていたけれど、近代社会になると、たとえば医療と宗教は別にする、教育と宗教は切り離す、最も典型的な例としては政治と宗教は分離する、というように、宗教がある種の全体性を失っていく過程というものがまずある。

それがさらに進むと、二層目にあたる宗教のプライベート化が起きます。公共の領域から宗教を除外して、宗教が私的領域に限定される「宗教の私事化」が起きる。そして三層目で、宗教自体が近代社会のなかで衰退する。科学社会のなかで合理性を失った宗教というものは、マックス・ウェーバーが言うようにどんどん力が減退していく。――これが、いわゆる宗教の世俗化の三段階です。

しかし、その三段階はだいたい間違えているとカサノヴァは言います。三つ目から言えば、宗教はまったく減退などしておらず、むしろ九〇年代に入って、よい意味でも悪い意味でも世界中で活性化している。二つ目の宗教の私事化もおかしい。九〇年代以降は、宗教が公共的な領域にあって、さまざまな価値を持ち、人々のボランティア活動などに対する動機づけになっている（これは、第2章で弓山さんが触れられた震災ボランティアにもつながることでしょう）。こうした現象があるならば、いま起きているのは宗教の私事化ではなく、逆に公共領域における宗教の再活性化という問題ではないかとカサノヴァは指摘します。

そして一つ目の宗教の分化については、政教分離などは重要な意味があるので一定程度は容認できるが、医療においてはスピリチュアルケアなどが宗教性の問題として入ってきているので、これも簡単に分化しているとは言えない。――このように、宗教の公共的な意味が問われているのが現代であり、それが宗教の復興や再活性化という問題の核心にあるというのが彼の議論です。

私は、これは非常に重要なことだと思って参照しています。この再活性化が負の現象として現れたのが、いわゆる原理主義や過激派の問題でしょう。第1章で池上さんがおっしゃったように、平成三十年間の基点は冷戦の崩壊でした。当時よく読まれたのが、フランシス・フクヤマの『歴史の終わり』(一九九二年翻訳、三笠書房)です。これは、自由主義陣営が勝利して歴史が終わった、アメリカの価値観というものが勝利を収めたのだという、ヘーゲル的な時間認識における価値の決定のようなことを論じた本でした。

しかしその直後に起きたのが、一つにはユーゴスラビアの問題であり、もう一つが、私自身が関心を抱いたインドで起こったアヨーディア事件だった。一九九二(平成四)年十二月、冷戦崩壊後の北インド・アヨーディアという町で、イスラム教徒とヒンドゥー教徒の聖地争いを機に約二千人ものイスラム教徒が大量虐殺されるという大事件が起きます。フクヤマの世界観には、あっという間に疑問符が付けられました。これからは、冷戦時代に蓋《ふた》をしてきたアイデンティティの問題——宗教、民族、ナショナリズムの問題など——が再活性化するのではないか。結果的にフクヤマの賞味期限は短く、サミュエル・ハンチントンの『文明の衝突』(一九九八年翻訳、集英社)が大きなリアリティを持って語られるという時代が、一九九〇年代後半にやってくるのです。

新自由主義とネット右翼の台頭

そのとき日本では何が起きていたか。一つは、五五年体制の崩壊という問題が大きかったと思います。それによって進行したのが新自由主義でした。

平成初期の重大テーマは政治改革ですが、そのとき日本は方法を間違えました。かつての五五年体制や中選挙区制というものは、裏金などが飛び交うような不公正な政治であり、改革しないといけない――それが出発点でしたが、しかし不公正な社会のなかには、一定程度、日本なりの再配分の論理というものがありました。いかに汚い手を使おうが政治家はのし上がっていく。田中角栄が典型ですね。自分の地元に新幹線を引き、工場を誘致し、田舎のピラミッド型の社会の業界団体にどんどんお金を下ろす。すると、そこにぶら下がっている人たちの雇用が安定する。そうしたセーフティネットが日本のなかで機能していた。要するに、かつての自民党は新自由主義的ではなく、比較的大きな政府で再配分を行なっていたのです。

その再配分が不公正なかたちなのでメスを入れようとしたのが政治改革だったわけですが、問題は不公正な再配分の透明化だったはずなのに、再配分のシステム全体を崩壊させてしまったことです。再配分が透明性を持ってなされるというシステムがきちんとつくられなかったがために、新自由主義で、小さな政府で、自己責任だという社会に雪崩《なだれ》を打っていったのが、平成の政治改革のあだ花のようなものだったと思います。

この新自由主義化と自己責任化によって、以前から崩壊してきた共同体の崩壊が本格的に進行していきました。そうなると、自己責任化された個人というものがアイデンティティの揺らぎにぶつかっていきます。さらに、会社が生涯雇用も家族の福利厚生も全部丸抱えしてくれるというような、戦後五十年を支えてきた実存の根拠と言えるものが、一九九五（平成七）年を一つの基点としてなくなっていく。それが一九九七（平成九）年の北海道拓殖銀行破綻、山一證券廃業などで現れてきた問題です。

そしてこのころから、ネット右翼の台頭や、「右傾化」と言われる現象が激しくなってきました。九七年に「新しい歴史教科書をつくる会」が発足し、九八年には漫画家の小林よしのりさんが『新・ゴーマニズム宣言SPECIAL 戦争論』（幻冬舎、以下『戦争論』）を描いて大ヒットを記録。一九九〇年代後半になって、ナショナリズムの問題が非常に顕在化してきたのです。

ネット右翼の中心はどこにあるのかについて、最近いろいろな社会学者たちの調査が進

2016年6月、東京渋谷で警官隊を挟んで向き合うヘイトスピーチのデモ隊と反対派の人たち（撮影：朝日新聞社）

み、おぼろげながらその実体が見えてきました。ネット右翼とは、どうもこの九〇年代後半に若者だった人たち、つまり、今の四十代を中心とする三十～五十代くらいの男性で、かつ比較的高学歴・高収入という属性が見て取れるというのが研究の結果です。

　そこにあるのは、新自由主義化が進み、会社社会という戦後の前提が崩れたときに立っていた若者たちの不安だと言えるかもしれません。今現在は会社員でしかも高収入かもしれない。しかしそれは、何か局面が変わればあっという間に失われてしまうものであって、みんな一度落ちたら終わりの滑り台社会に生きている。そうした不安が、このネット右翼現象とどこかで通底しているアイデンティティの揺らぎという問題なのだろうと思います。

一九九五年とは何だったのか

先ほど私は、アイデンティティの揺らぎの問題は一九九五（平成七）年が一つの基点になると言いました。この年はもちろん、オウム真理教による地下鉄サリン事件が起きた年です。しかし、ここでは少し違う角度から、九五年、あるいはその前後も含めた九〇年代という時代と、それがどう現代につながってくるのかを考えてみたいと思います。

ここに三冊の本があります。一つは、岡崎京子さんが描いた『リバーズ・エッジ』（一九九四年、宝島社）。当時若者だった私たちの年代の人には熱烈に読まれた岡崎さんの代表作であると同時に、九〇年代漫画の代表作であるとも思います。二冊目は、鶴見済《わたる》さんが書いた『完全自殺マニュアル』（一九九三年、太田出版）。そして三冊目が先ほども挙げた小林よしのりさんの『戦争論』です。ふつうにはつながっているとは思われないこの三冊をたどりながら、九〇年代と九五年について考えていきます。

その前に少しだけ補助線を引いておきます。社会学者の見田宗介さんが、とても大事なものの見方を提示しています。すなわち、「ある時代をうまくとらえるためには、その時代に「現実」という言葉の反対語としてどういう言葉が想起されたのかを考えることによって、その時代の相のようなものが見えてくる」と。それを同じく社会学者の大澤真幸《まさち》さんが引用して、議論を展開しています。

一九四五（昭和二十）年に戦争が終わり、それから約二十五年間、高度成長と言われた時代に突入して、日本がどんどん右肩上がりになったとき、「現実」の反対語として想起されたのは「理想」という言葉でした。みんなが、今よりもっと良くなる、現実はまだまだだめだ、そういう思いをもっていた「理想」の時代があった。

そしてその後、一九七〇年代半ばごろから九五年あたりまでの二十年間は、この「現実」の反対語が「理想」ではなくなった、と見田さんは言います。一九八〇年代を中核としたその時代、現実の反対語は「虚構」という言葉に変わっていた。

たとえば、東京ディズニーランドのオープンは一九八三（昭和五十八）年です。ディズニーランドは、内部からは外のものが一切見えない設計になっており、なかに入ってしまうと、ディズニーランドの構造物しか見えません。つまり「現実」から隔絶されて「虚構」の世界に紛れ込む。そうした「虚構」の時代がオウム真理教を生み出し、あるいは七〇年代に流行った「一九九九年に地球は滅ぶ」というノストラダムスの大予言などの終末論がさらに盛り上がる素地となりました。

ところが、その「虚構」すら描けない時代が一九九五年にやってくる。これを大澤さんは「不可能性の時代」と呼んでいます。「不可能性」とは、「現実」という言葉の反対語を想定することができなくなった――という意味です。通常は「現実からの逃避」と言われますが、九五年以降は「現実への逃避」ということが起きていた。理想も描けない、虚構も描けない、将来はよくなるというイメージやファンタジーすら描けない「不可能性の時代」――それが大澤真幸さんの時代区分ですが、これが始まったのが一九九五年前後であると見ているのです。

生きている実感がない

さて、この前後に出版され、若者に非常に多く読まれた本の一つが『リバーズ・エッジ』です。この漫画のテーマは、「今生きていることの実感がわかない。現実感がない」という世界観です。重要なキーワードは「平坦な戦場で僕らが生き延びること」。こんな言葉が随所に出てきます。

この本の冒頭から数ページ目、主人公の女子高生の独白を紹介しましょう。

山田君と河ぞいを歩く
橋をわたる
何も喋らずにゆく

きのう読んだ本には
二〇〇〇年に小惑星が激突して
地球の生態系はメチャクチャになると
書いてあった

あたし達が24才になる頃だ

今日みた
TVではオゾン層はこの十七年間で

五%から一〇%減少していると言っていた
すでに人間が大気中に放出してしまった
フロンの量は一五〇〇万トンに達し
この一〇%にあたる一五〇〇万トンが
成層圏にしみ出し
オゾン層を破壊しているらしい

だけどそれがどうした?
実感がわかない
現実感がない

こうして山田君と歩いていることも
実感がわかない
現実感がない

こんな出だしです。こうした空気が、一九九四（平成六）年に若者をとらえてベストセラーになった漫画の冒頭に出てくるのです。

男女はこのあと、河原で死体を見つけます。しかし警察には通報しません。繰り返し、その腐乱していく死体を見に行く。そしてこう言います。「自分が生きてるのか死んでるのかいつも分からないでいるけど／この死体をみると勇気が出るんだ」。つまり、自分が生きているという実感はないけれど、目の前には死体があって、これと自分とは違う存在としてある。だったら自分は生きている。死体というものを見ることによってようやく自分の生を認識できる、そんな薄い生しか私たちには残されていない——と。そういう現実感がない現実を描いたのが、この『リバーズ・エッジ』だったと思います。

それとほぼ同時期（刊行は一年前ですが）、同じように巷《ちまた》で話題になり、また問題にもなったのが、『完全自殺マニュアル』です。この本にはさまざまな自殺の方法が延々と書いてあります。ですから当時は、立ち読みができないようにビニールがかけられたり、図書館での貸し出しに制限が加えられたり、若者に読ませてはいけないという反対運動が起きたりと、いろんなかたちで世間を騒がせた本でした。実際にこの本を読み、かたわらに置いて自殺した人もいます。そんな自殺マニュアル本ですが、著者の鶴見さんが「みなさん、自殺しましょう」という意図でこの本を書いたのかと言えば、実はそうではないところがポイントです。

彼は、「平坦な人生への絶望というのが現代の大きな問題である」という趣旨のことを言っています。「はじめに」の文章を少し読んでみましょう。

あなたの人生はたぶん、地元の小・中学校に行って、塾に通いつつ受験勉強をしてそれなりの高校や大学に入って、4年間ブラブラ遊んだあとどこかの会社に入社して、男なら20代後半で結婚して翌年に子どもをつくって、何回か異動や昇進をしてせいぜい部長クラスまで出世して、60歳で定年退職して、その後10年か20年趣味を生かした生活を送って、死ぬ。どうせこの程度のものだ。しかも絶望的なことに、これがもっとも安心できる理想的な人生なんだ。

その前のところではこう書かれています。

こうして無力感を抱きながら延々と同じことをくり返す僕たちは、少しずつ少しずつ、〝本当に生きてる実感〟を忘れていく。生きてるんだか死んでるんだか、だんだんわからなくなってくる。「生きてるんだなぁ」ってどういう感じだったっけ？　今や生きてることと死んでることは、消えかかりそうな、ほそーい境界線で仕切られてるだけだ。（中略）

そう、もう死んじゃってもいい。学校や会社に行ったり、生きてるのがイヤだったり、つまんなかったり、それどころか苦しかったりするんなら、細い境界線を踏み越えて死んじゃえばいい。誰にもそれを止めることなんかできない。

しかし、彼は「それなら死んでしまおう」と言っているのではありません。さまざまな死ぬ方法を知ることで、ようやく自分が生きられるというのが今の時代。いつでもこの私の生をリセットできる、死というものを自分の手に入れた瞬間に、ようやく生の実感というものを手にできる。そんな薄い生の時代というものがやってきたのではないか——というのが彼の認識です。

「おわりに」で彼はこう言っています。「「強く生きろ」なんてことが平然と言われてる世の中は、閉塞してて息苦しい。息苦しくて生き苦しい。だからこういう本を流通させて、

「イザとなったら死んじゃえばいい」っていう選択肢を作って、閉塞してどん詰まりの世の中に風穴を開けて風通しを良くして、ちょっとは生きやすくしよう、ってのが本当の狙いだ」。要するに、生きやすくする、そのためにはいつでも死ねるという死をポケットのなかに入れなければいけない、そうしないと私たちは「生」というもののリアリティを獲得することができないのではないかという問いかけが、この本の趣旨でした。もちろん、それに賛同するかどうかはいろいろな議論があり、私もそのとおりだとは思いません。

しかし、こういう時代の空気や背景や精神性というものを見ておかないと、一九九〇年代に何にぶつかったのかが見えないということです。死の手段を手に入れることによって、かろうじて生きることができる生のリアリティ。その背景には、一九九四年に非常に大きな問題となったいじめや自殺の連鎖の社会化という問題がありました。

「戦争」という物語へ

こうして私たちは一九九五（平成七）年という年を迎え、一月に阪神・淡路大震災、三月に地下鉄サリン事件を経験します。もう一つ重要なのは、この年が戦後五十年だったことです。当時政権を担っていたのは社会党（自社さ連立政権）の村山富市内閣で、八月十五日に「村山談話」が出たときに右派や自民党議員たちが、これは自虐史観である、東京裁判史観というものに日本の歴史は乗っ取られている、と述べたように、ある種のナショナリズム的な言説が沸き起こった年でもありました。

私はこの年、二十歳。オウム真理教による地下鉄サリン事件、そして戦後五十年に沸騰してきた宗教とナショナリズムという問題に関心を持ち、研究者になる道を歩み始めたところでした。

一九九五年は、新自由主義の入り口の年でもあります。日経連（現・経団連）の「新時代の「日本的経営」」というレポートには、これまでの日本型経営ではもう無理だということで、三つの労働形態が提示されました。一つは「長期蓄積能力活用型」で、これはエリート幹部候補生です。次の「高度専門能力活用型」は、理工系のエリート技術者。そして三つ目の「雇用柔軟型」が、いわゆる非正規雇用・派遣労働で、要するに不況が来て会社が苦しくなったらいつでもクビを切れる柔軟な雇用ということです。今の時代の貧困や格差の原点となる発想が出されたのがこの年でした。

さらにもう一つ、自由主義史観研究会が発足したのも一九九五年です。当時、東大の先生だった藤岡信勝さんがつくったこの研究会は、九七年に「新しい歴史教科書をつくる会」に発展していく土台になります。そして九八年、先に挙げた三冊目の本、小林よしのりさんの『戦争論』が刊行され、ベストセラーになりました。この本の趣旨は、右派的な歴史観に立って、先の戦争は悪くなかった、あの戦争はアジア解放のための戦いであった、そのために我々のおじいさんたちは戦ったんだ——と、そのことを公的に検証しようとしたものです。

私は当時、一人の若者としてこの本に出会い、周りの人たちが読んでいるのを見たとき、その歴史観だけに惹かれているとは見えませんでした。それよりも、この本の導入部には、もっと違うメッセージがあります。小林さんという人は、ある種、非常に才能があるからこそ、時代の空気をつかんだうえで漫画の構成を組み立てられたのでしょう。『戦争論』は「平和だ」という言葉から始まります。郊外のマンションのようなところから周りを見渡すと、日常の団欒《だんらん》風景が町中にあふれている。そのような「平和」が描かれている。以下に論旨を示します。

「平和だ。あちこちがただれてくるような平和さだ。それに対して戦場の生は常に死にさらされている。さらに、国のため、公のために命をかけるという使命感があった。そこには「生きている」ことの意味や実感があった。今の人々には、死ぬことに生きがいを感ずるなんていうことはわかるまい。この国を思って死をかけるものに、かつて人々は、国は物語を用意した。アジア解放大東亜共栄圏の物語を信じて戦った兵士たちも確実にいたのである。彼らは英雄であり、神になる。戦後のあらゆる物語を相対化させ、少女は売春、少年は殺人が流行の国になった。本当にこの国には物語が要らぬのか」

小林さんが言っていることは、前の二つの本と直結しています。今の時代、私たちには生のリアリティ、生きている実感がない。それに対して、あの戦争の時代は死が突きつけられていたから、生きている意味という物語をみんなが獲得することができた。それを思い起こそうじゃないか、ということです。この生のリアリティの欠如に対して、自殺とは違う物語を与えようとしたのが『戦争論』だった。だからこそ当時浮遊していた若者たちに多く読まれたのです。

そして、小林さんは次のように言います。左翼のマスコミや学者に日本は洗脳されている。本当のことは隠されている。アカデミズムやメディアが建前の戦争論、歴史観を語りながら事実を隠蔽《いんぺい》しているではないか。だからレジスタンスが必要である。抵抗が必要である。反逆が必要である——。

戦後の空気に対するレジスタンスが必要だと言うのですが、「レジスタンス」という言葉はもともと左翼が使った言葉です。左側の人たちが権力に対してレジスタンスをしたはずが、違うのです。現代のネット右翼や右派の人たちは、主観としては自分たちこそがレジスタンスをやっていると考えています。左翼的な学者やメディアに対する抵抗、それが浮遊する生を支える物語の獲得につながるというのが、この本の非常に強い、中心的な問いになっています。そうした左翼の空気に逆らう自分こそが、本当に個のあるものだ。だから、建前じゃない本音を語ろうではないかというわけです。これが現在に至る、大阪で起きた橋下ブームや、日本の中核で起きている右派ポピュリズム現象につながってくる問題なのではないのかと思います。

一九九五年を境にして、日本は極めて宗教的な問いに直面しました。生きている実感がわかない。そのために、どういうふうにこの生を支えたらいいのかがわからない――。その課題に出会ったとき、私たちはオウムを突きつけられ、言葉を失った。そして、その物語に代替する物語として、現在の右派的な現象に至る政治問題が出てくることになったのです。

スピリチュアル右派の源流は六〇年代の左翼運動

どうやって生を支えるかという宗教的な問いとナショナリズム――これが日本ではその

後、極めて危ういかたちでくっついてきています。

二〇〇〇年代に入ると、たとえば俳優の窪塚洋介さんがスピリチュアリティとナショナリズムを融合させるということを発言していますが、この形態は、私が研究してきた戦前の超国家主義に非常によく似ています。また第2章で弓山さんが紹介しているように、二〇〇五（平成十七）年に「オーラの泉」がスタートして〇七（平成十九）年にはゴールデンタイムで放送されるようになりました。ちなみに第一次安倍内閣が誕生したのがこの年です。「オーラの泉」の顔であった江原啓之さんはそれほどナショナリズムを強調しませんが、それでも、『江原啓之神紀行』（二〇〇五〜〇七年、マガジンハウス）という彼のシリーズ本の最初では伊勢神宮を訪れ、ここは日本最大のパワースポットであって、日本人であるならばお参りすべきであるというような、民族主義的パワースポット論が出てきています。私はこうしたスピリチュアルなナショナリズムというものを「平成ネオ・ナショナリズム」と呼んで注視してきました。

しかし、これがまったく新しい現象かというと、実はそうではないと思っています。ここでは射程を五十年くらい広げて見る必要があります。このスピリチュアルなナショナリズムの根っこにあるもの——それは六〇年代のヒッピー運動です。

一九六〇年代の後半ころ、アメリカの西海岸で、理性の確立よりも感性の解放だというカウンターカルチャーの運動がさかんになります。これは、左翼思想というものの大きな転換点です。つまり、左翼思想とは理性によって設計的に進歩社会をつくっていくという合理主義思想だったのが、左派の内側から内破されていくのがヒッピー現象です。合理主義よりも、精神世界や自然との融合などが志向されます。そこから、ロックやドラッグ、東洋の神秘思想、日本の禅、ネイティブアメリカンの世界観など、精神の解放をうながすものが称揚されていく。そして、近代産業社会に対する否定的な態度を取るコミューン運動のようなものが拡大していきました。

これが新宿を中心に起こっていたビートニクス運動などと呼応して、いわゆる「部族」と言われる人たちのコミューンが構成されていきます。一九六七（昭和四十二）年には長野県の富士見高原、鹿児島県の諏訪之瀬島《すわのせじま》、東京・国分寺に「部族」によるコミューンが誕生します。国分寺のロック喫茶「ほら貝」ができたのが一九六八（昭和四十三）年。山尾三省《さんせい》、ナナオ・サカキ、長沢哲夫、山田塊也《かいや》といった人たちが主導しますが、それはドラッグ文化やスピリチュアルな精神世界と密着していました。

彼らの世界観は、土着世界への回帰という志向性を含んでいました。民衆の生活世界のなかに、近代都市文明を凌駕《りょうが》する価値が存在するのではないかという考え方です。これは同時代の水俣問題や三里塚闘争とも呼応し、土着の宗教的価値への共感と連帯を生みだしていきました。

このムーヴメントと全共闘運動はつながっています。全共闘運動に関わった人たちのあいだで最も読まれたのは吉本隆明の『共同幻想論』(一九六八年、河出書房新社、のち角川ソフィア文庫)ですが、その中核に据えられているのは『古事記』と柳田国男『遠野物語』です。日本の根源や土着に回帰することによってマルクス主義の行き詰まりから脱却し、新しい解放の地平を開くことができるというイマジネーションが示されていました。

このような志向性は、原始共産制への憧憬につながり、アイヌの生活世界や縄文時代のプリミティブな平等性への共感を生みだしていきます。天皇制国家が成立する以前の「始源的土着」へと回帰することこそ、国家権力の構造を根本的に解体し、真に自由で平等な世界への解放を促すという発想です。この構想と連動したのが島尾敏雄のヤポネシア論でした。島尾は日本列島をミクロネシア・ポリネシアに連なる「ネシア文化圏」と捉え、稲作以前の縄文文化との連続性を説きました。

一九八〇年代は、九〇年代以降のナショナリズムを用意した時代です。たとえば一九八五（昭和六十）年には、当時の中曽根康弘首相が終戦の日に靖国神社を戦後の首相として初めて公式参拝。また一九八二（昭和五十七）年と八六（昭和六十一）年には教科書問題が起きて、歴史記述をめぐり中国と韓国から強い反発が沸き上がりました。

こうしたことにずっと鬱屈をためていた人たちが、一九八七（昭和六十二）年の朝日新聞阪神支局襲撃事件をはじめとする赤報隊事件というものの背後をつくっていくことになります。赤報隊事件にはまだよくわからないことがたくさんありますが、樋田毅さんの『記者襲撃』（二〇一八年、岩波書店）によれば、犯人として疑われている一つの流れは、革命思想家の太田龍に関わる人脈です。

太田龍という人は、もとは共産主義者でトロツキストだったのが、「原始共産制に向って退却しよう！」「辺境最深部に向って退却しよう！」というスローガンを掲げ、「アイヌ革命論」や「縄文=日本原住民論」を説きます。彼の思想は、皇国主義的な日本を根本的に解体し、始源へと回帰しようとするもので、一九七〇年代に三菱重工爆破事件など連続企業爆破事件を起こした東アジア反日武装戦線などに大きな影響を与えました。しかし、エコロジー思想などを通じて次第にオカルトや陰謀論に傾斜していき、最終的には国粋主義的な思想へと旋回していきます。

一九六〇年代に近代を超えたオルタナティブな精神世界を求めた潮流は、古代の原始共産制を礼賛し、コミューン運動を通じて、天皇制以前の日本の本源へと接近しようとしました。このムーヴメントが一九八〇年代にオカルトや偽史《ぎし》、陰謀論などと融合することで、スピリチュアルなナショナリズムを生みだしていきます。たとえば月刊『ムー』創刊顧問の武田崇元《すうげん》は、『竹内文書』『東日流外三郡誌《つがるそとさんぐんし》』などの偽史の探究から、「神道霊学」へと傾斜し、民族派の運動と交流を深めました。

このニューエイジ的ナショナリズムの流れをしっかりと押さえておかないと、平成のナショナリズムの本質は見えてこないと思っています。

戦前の若者も抱いた「生きづらさ」

では、ここで池上さんが第1章で取り上げた、イスラム原理主義を信奉する人たちによるテロと、その背後にある若者の「生きづらさ」の問題について、私なりに分析しながら現代につなげてみたいと思います。

池上さんが言われたように、今世界で起きているテロ事件は日本の過激派が一つのモデルになっていて、それがイスラム化している現象と言ってよいと思います。赤軍派の人たちがテロを行なったのは、革命によって理想を実現するためであり、彼らは「理想」の時代の若者だった。自分たちが犠牲になって武力革命を起こすことで全世界は救われる——そういう発想です。これがイスラム化しているのが現在で、ISの若者たちは、世界を一つのカリフ制の下に置く、要は「世界のイスラム化を目指すべきだ」という主張を持っています。政治と宗教が連動するかたちで世界を幸福にする、理想化していくという体系性が強いのです。

ところが、そこに加わろうとする先進国の人たちのモチベーションは異なります。それが「生きづらさ」の問題です。欧米や日本からISに向かう若者の多くは、自分の「生きづらさ」から抜け出す一つの出口として参加しているのです。

私が以前に教鞭を執っていた北海道大学で、二〇一四（平成二十六）年に一人の学生が、ISに向かう寸前でつかまるという事件が起こりました。私は彼のツイッターを見つけて一日かけて読んでみました。すると、やはり彼は「生きづらさ」を抱えていて、特に自殺願望を強く持っている学生でした。今生きていることの意味がつかめない、だから死に直面することによって、あるいは死ぬかもしれないという戦場に行くことで、ようやく自分が生きていることを確認したい——。イスラムについての詳しい知識もない人がISを目指していた。

そして、ほぼ同時期にあたる二〇一五（平成二十七）年はじめ、二人の日本人がＩＳに殺害される映像が届きます。一人はジャーナリストの後藤健二さんで、もう一人が湯川遥菜さん。私は湯川さんにより注目し、彼のブログも読んだのですが、彼もまた「生きづらさ」を抱えた人でした。仕事も家庭もうまくいかず、戦場に行くことで自分の生を見出そうとした。彼は武器を売りに行く商売をしようとしていたのですが、アラビア語もできないしイスラムの知識もない、そんな状況で現地に飛びこんでいったのです。そんな彼を救おうとしたのが後藤さんでしたが、残念ながら二人ともに亡くなってしまいました。

私のもとにも、今もたまに「戦場カメラマンになりたいんです」という学生がやってきます。戦場のような場所に自分をさらすことによってようやく自分が生きていることを確認できる――そういう切実な思いがあるのでしょう。このケースもまた私が研究してきた戦前の超国家主義の論理に酷似しています。

戦前の超国家主義においては、「一君万民」という国体を掲げ、国民を天皇のもとに統合しようとしていました。しかし、このビジョンを掲げた政治家やイデオローグたちと、それに参入していた若者のテンションはだいぶ違っています。これは『血盟団事件』（二〇一三年、文藝春秋）や『朝日平吾の鬱屈』（二〇〇九年、筑摩書房）という拙著に書いたことでもあるのですが、若者たちが抱えていたのは、国家の理想像というよりはもっと日常的な自分の「生きづらさ」の問題でした。「一君万民」の国体とは、天皇という一君の超越性を認めれば残りのすべての人々は平等で一般化されるもののはずです。しかし、その国体が現前しているにもかかわらず、なぜ自分はこんなにも不幸なのか。なぜ不安で生きづらいのか。なぜ万民のあいだに格差というものが生じているのだろうか——彼らはそう考えました。

そして、そのような時代に対する反逆として、国体を穢《けが》している者たちがいるからだと結論づけます。つまり、一君と万民の間に入ってよからぬことをやっている、天皇の大御心を阻害している悪いやつらがいる。彼らはそれを「君側《くんそく》の奸《かん》」と呼び、この者たちを排除すれば本来の国体が現前すると考えたのです。それを実行したのが、一九三二（昭和七）年の血盟団事件や同年の五・一五事件、一九三六（昭和十一）年の二・二六事件などの昭和維新テロであり、クーデター運動でした。

これらの事件の背景にあったのは、天皇による世界の統一というビジョンと、そこに加わる若者たちの「生きづらさ」という問題です。それがセットになったとき、巨大な暴力が発生した。この構図が、ISに参入する先進国の若者の問題と重なります。

スピリチュアリティとナショナリズムの融合

ところで、私は二つ前の節で、スピリチュアリティとナショナリズムが日本では危ういかたちでくっついているという話をしました。その典型的な表れの例として、安倍昭恵さんのことを考えてみたいと思います。

『文藝春秋』二〇一七年三月号に掲載された石井妙子氏の「安倍昭恵「家庭内野党」の真実」などを読むと、第一次安倍内閣のときの挫折が非常に大きかったと彼女は言っています。一つは各国首脳やその周りとの知的レベルの違いについて、もう一つは、政治家の奥さんらしくしろ、総理夫人らしくしろ、という型にはめられ、そのなかで生きることに自分自身がつらくなってしまったということでした。だから、夫がダウンしたときに自分も精神的にダウンした。ファーストレディから解放されてそこからどう生きるかを考えたとき、とにかく「私らしく自分の人生を生きたい」と強く思ったと彼女は言います。

そして大学院に行きはじめ、同時に神社巡りにのめり込む。ちょうどスピリチュアル・ブームのピークのころで、その後、スピリチュアル・カウンセラーやナチュラリストと呼ばれる人たちと次々に交流するようになっていきます。特に大きな影響を受けたのは『水からの伝言』という本を書いた「水の波動研究者」の江本勝という人で、彼はもともと安倍家との関係が深かったようです。

昭恵氏は、そうしてスピリチュアルな世界に傾斜していくなかで、食と農、エコロジーに関与し、二〇一一（平成二十三）年六月に山口県下関市で「昭恵農場」を始めます。そこで育てた野菜は無農薬で化学肥料を使用していませんから、当然料理で出したいということで、今度は東京・神田に「UZU」という居酒屋を開店。ちなみに店名は『古事記』のアメノウズメノミコトから取っています。このあたりから、彼女の行動がアニミズムやプリミティブなものへの回帰という自身の意識とつながっていきます。

なお、「UZU」でのこだわりは国産食材しか使わないことだそうで、このあたりの、ナチュラルとナショナルの強いつながりは注目でしょう。無添加無農薬、体にやさしいエコロジーというものが、日本的なるものとして彼女のなかで認識され、そこへ回帰していくことになっていくのです。

そんななかで二〇一二（平成二十四）年に夫が首相に返り咲き、再び社会的なステージを与えられます。しかし、彼女は「私は私でいいのだ」と開き直り、「家庭内野党」と言われながら、日本中を飛び回る生活を始めていく。社会学者・西田亮介さんとの対談（「ニュースサイトBLOGOS」二〇一六年十一月九日）では、自分があちこちに出かけることを「神様に動かされてる」と発言しています。要するに、神様に呼ばれているからそこに行く。防潮堤建設を進める政府に対する批判、脱原発、ＬＧＢＴの人たちへの共感、反ＴＰＰ……など、彼女の行動はすべて、神様に呼ばれたエコロジストとしてのものだというわけです。

自然への回帰――それがスピリチュアルなナショナリストとしての彼女のアイデンティティになっています。そして神社のパワースポット巡りや大麻問題に傾斜していき、そこに日本主義的論理を見出したりもする。

『週刊現代』二〇一六年十一月十二日号での小池百合子さんとの対談で、昭恵氏は「『日本を取り戻す』ことは『大麻を取り戻すこと』」と語っています。これにはさすがに小池氏も驚いていますが、要は、大麻というものは神様とつながっているもので、霊力の高い、波動の高い植物だと言いたいのです。神道ではしめ縄などに大麻が使われるが、日本の根源をなす宗教において使われる大麻は「国産」であるべきで、「中国産」ではいけない。しかし、大麻の栽培はＧＨＱによって禁止され、その状況が現在までも続いている。

だから、大麻を栽培することで本当の日本を取り戻さなければならない――というのが彼女の主張です。

さらに、先に触れた西田氏との対談では「日本の精神性が世界をリードしていかないと「地球が終わる」って本当に信じているんです」と語り、日本の優位性を論じます。また、自分が動くと物事が一気に進むのは、超越的な力が働いているからだと述べ、霊的な使命感を示唆してもいます。これは、政策内容は違っても、「日本を取り戻す」というスローガンであり、夫の安倍晋三氏の考えと同系のものと言えるでしょう。

スピリチュアリティと政治の結びつき――これが非常に危ない要素を内包していると私は思っています。つまり、昭恵氏のようなナチュラリストとしてのナショナリストと、安倍氏のような右派権力者がダイレクトに結びつくことの危うさです。そしてこういう背景があるからこそ、昭恵氏は脱原発で防潮堤反対で反TPPでありながら、森友学園に共感してしまうのです。森友学園が経営する幼稚園ではみんなが古典の音読をしたり教育勅語を暗唱したりする。それを見ていると涙が出てしまう。子どもたちはみんな生き生きしていて、ピュアな世界で仲良くやろうとしている。自然と一体化したスピリチュアルな日本精神のなかに回帰しようとしている。だから彼女は、「日本の精神性が世界をリードしていかないと」いけないと発言するのです。

こうしたスピリチュアリティの根っこは六〇年代のヒッピー運動から来ています。その流れの一つが右傾化し、陰謀論やスピリチュアル・ナショナリズムへと展開している。この結びつきを見ないと安倍昭恵問題の核心には迫れないと私は思っています。

取り戻すべきは「トポス」

次に、第3章で上田さんが指摘された「超越性」の問題について考えてみましょう。安倍昭恵さんのように「自分は超越的な力に動かされている」と言える人は少ないわけで、多くの人は、超越性とのつながりと言われると、超越を「信じる」というステップが一つ必要なのではないかと思ってしまいます。しかし、私はこの「超越」という問題は「信じる」ということとは違う、構造的な問題だとずっと思っています。

異論・反論があるかもしれませんが、私自身は人間以外の動物に「宗教は存在しない」と考えています。なぜなら、人間は、あらゆる存在は有限な存在であるということを知ってしまった唯一の動物だからです。そこに仏教でいう無常観など、さまざまな問題が生じてくる。この万物の有限性という認識をもった瞬間、私たちは対の概念として無限という観念を同時に手に入れています。有限の存在に気づいている以上、構造的に無限というものを設定しなければ、有限という観念は成立しません。つまり、極めて合理的な構造の問題として、私たちは万物の有限性に気づいた瞬間に無限という観念を同時に手にしている。それをどう呼ぶのかは宗教によって違いますが、おそらく人間に共通のものだろうと思います。

私が尊敬している保守思想家に福田恆存《つねあり》という人がいます。彼は、無限と有限という二次元構造を踏まえて世界を見なければいけないと考えます。人間がパーフェクトな世界をつくれると考えるような理性への過信をもってはならないというのが保守思想の重要な中核ですが、そのためには絶対者という観念を捨ててはいけません。絶対者に対して私たちは有限な存在であり、神ではないのだから、パーフェクトな世界はつくりえない。だから、どれだけ頭のよい人間がいたとしても、その人間の設計図どおりに世の中をつくるのではなく、多くの無類の死者たちの声を聞きながら、歴史のふるいにかけられて残されてきた常識や良識を大切にしながら、少しずつ変えていくことが大切なのだ——。これこそが本来の良質な保守思想の姿です。

そして、この思想が「超越」を考えるうえでとても大事になってきます。超越的な存在を持つことによって、人間は自身が有限なものであるということを常に自覚する存在でなければならない。福田の本で『人間・この劇的なるもの』（一九六〇年、新潮文庫）という名著があります。そこで彼は、「人間は演劇的な動物である」と述べています。人間はどういうときに自分の意味を獲得するのか。それは何からも自由になった瞬間ではない。そうではなくて拘束されているということである。自分がいなければ、この場が回らない。自分がいなければ時間が停滞する。私がいるからこの家族は安定している。私というものを、ある種の「役割」によって認識する――。

だから、人間はその役割を演じて生きている。役割を演じ切れたときに、その役割を味わう自己というものがいる。父親としてあるいは母親として子どもに果たすべき役割を果たしたら、この役割を自分でうまく演じたなと思った瞬間、それを味わう自己というものがある。人間というのは、永遠にそうやって自分というものを獲得していく演劇的な動物である――。これが、福田恆存が演劇論のなかから人間を構成している論理です。

弓山さんが指摘されたボランティアの論理も同じだと思います。日常世界における生きる意味を失ってしまった人たちがボランティアに行くと、他者のためになる、何かのためになることで、自分がいることの意味や場所を獲得する。それは、哲学では「トポス」という概念でとらえられますが、自分が価値ある者として意味づけられる場所のことです。そうしたものが、おそらく今の日本においては底抜けになっている。いろいろな共同体がボロボロになり、私がここで生きている意味を感じられない。雇用形態もそうです。代替可能性というものが非正規雇用や派遣労働の非常に大きな問題となっています。あなたでなく、誰だっていい。Aさんでも Bさんでもいい。現場に行くと「そこの派遣さん」と呼ばれてしまう。そんななかで自分が仕事をしていることの意味、私がその場所にいることの意味をまったく感じられないのが現在の社会である。取り戻すべきなのは「トポス」であり、おそらくこの「トポス」が超越的なものを前提として成り立っているものである。そこを組み立て直すことからやっていくのが重要ではないかと思います。

人と接しているのに孤独であるという感覚を生み出している、そこのところと宗教というものがどう関わりを持ったらいいのか。私はもう一度、プラクシス（実践的に働きかける行為）としての関わりを見直すべきではないかと考えています。

トポスとしての寺の復活

現在の共同体や社会性の問題を議論するときに、『孤独なボウリング』（二〇〇六年翻訳、柏書房）という本を書いたロバート・D・パットナムという人の名前がよく出てきます。彼は民主制を鍛えるうえでは、基本的にソーシャル・キャピタル（社会関係資本）というものが重要だと言う。アメリカでは、中間共同体が強くて、アメリカン・デモクラシーというものが生き生きしていた時代があったのに、なぜこうなってしまったのかと言えば「中間共同体がボロボロになっているからだ」というのがパットナムの見立てです。

一九六〇年代のアメリカでは、ボウリング場に行くと、みんなが地域でボウリング大会を催していました。でも今は地方のボウリング場に行くと、おじさんが一人でボウリングをやっている。こういう状況になったのはなぜなのか。アソシエーション（社会集団）というものが弱ってきたからだ——と。

こういったときには二つの答えの出し方があり、「だから昔に戻ろう。あのころの輝けるアメリカを取り戻そう」というのがトランプ現象です。けれども、パットナムはそれではだめだと言う。彼はアソシエーションのあり方を、ボンディングとブリッジングという二つに分けます。ボンディングは強いつながりを持った「絆」の関係性です。これは確かに多くの人を社会的に包摂《ほうせつ》するのですが、どうしても排除の論理が含まれる。インクルージョンのなかにエクスクルージョンが含まれていて、村八分とかが起きてしまう。そうしたボンディングの関係だけに戻るのではなく、もう一つ、ブリッジングというのが新しい社会には必要であると説くのです。

つまり、町内会がだめなのではなくて、町内会しかない社会がだめなのだ。町内会の人間関係が終わると世界が終わってしまうように感じる。そうではなく、町内会にも行っているし、別の日はNPOにも行っているし、別の日は習いごとで友達がいるし……というように、梯子《はしご》がかかっている社会をどう構築するかということに重きを置く必要がある。今、日本ではお寺や仏教が改めて注目されていますが、これまでのお寺はボンディングに絞り過ぎてきました。ブリッジングというものを、ボンディングである檀家を否定せずに、どう外から人を取り込みながらやっていくのか——ここが大事なのだと思います。

檀家制度が強いために寺は入りにくい。居酒屋で常連ばかりの店が入りにくいのと同じです。「あそこ、行きにくいな」という感じが寺の行きにくさということであって、これからは交わりながら、どういう相互関係を打ち立てるかが重要だと思います。仏教というのは、むしろ伝統的には後者だったはずです。たとえば、網野善彦が書いた「無縁」という空間としての寺。この「無縁」というのは縁がないという意味ではありません。無限の縁ぐらいの意味として捉えた方がいい。

有縁というのは、がんじがらめのボンディングの関係です。これはどうしようもなくなるときがある。家族や地域のしがらみをもう負い切れないとなったとき、駆け込み寺というものを頼って、そこで無縁の世界から無限に広がっている縁の世界へと回路をつないでくれるというのが、網野善彦のアジール論です。そこに逃走の自由があるのだ――と。

今、復活させなければいけないのは、ある種の寺の無縁性、無限の人間関係、開かれたトポスとしてのお寺です。そういうものと檀家制度をどういうふうに組み合わせるかというのが、お寺の開き方のポイントだと思います。

二〇一三（平成二十五）年のNHKの朝の連続テレビ小説『あまちゃん』に「リアス」という喫茶店が出てきましたが、この店は、昼間は喫茶店で、夜になるとスナックになる。私は放映中、学生たちに「自分の住んでいる街にリアスがあったら入れる？」と聞くと、大半が「入りにくい」と答えました。なぜかと言えば、いつも同じ人ばっかりいるからです。常連の絆関係が出来上がっているからです。このボンディングだけの世界はきつい。でも、脚本を書いた宮藤官九郎さんはよくわかっていて、もう一つ、「海女《あま》カフェ」というものを登場させました。外からやってきた人たちと地元の人が触れ合う空間が別に設定されて、そのバランスでやっていくのです。

宮藤さん自身はおそらく概念化していないと思いますが、ボンディングとブリッジングというものを両方一つの空間に取り込むという感覚です。そうした両方の持ち味を生かし、壮大な世界とか物語ではないかもしれませんが、地元でやれる範囲の、持続可能な希望というものをどのようにして見出していくのか。お寺もこれからは檀家だけでは経済的に生きられません。やはりブリッジング、外から人が来てくれないと寺の経営もなかなか成り立たない。そんなことがこれからできればよいのかなと思います。

仏教に求められていること――死者とともに生きる

二〇一一（平成二十三）年の東日本大震災のとき、私はある宗教家の方の発言に反発して文章を書いたことがあります。

その人は、被災地に向けて死の苦とか悲しみのような話をしていました。私は「この人、本当にわかっていないな」と思いました。あのとき、被災地が呆然と立ち尽くして苦しんでいたのは、一人称の死の問題ではなく、二人称の死の問題、あるいはミッシング、行方不明という問題でした。その現実をどのように受け止めたらいいのかという問題でみんなが呆然としているときに、死の恐怖や死の問題を語るのは、死の問題と死者の問題は

2018年3月11日、宮城県気仙沼市の海岸で一人手を合わせる女性（提供：朝日新聞社）

全然違うということを理解できていないと思ったのです。

そこで私は、死者の問題を書かなければいけないと思い、「論考二〇一一」という連載に執筆しました。これは共同通信の配信なので、書くことが被災地の新聞にも載るのかと思い、ならば全力で、ボランティアをやめて一人こもって被災地のことを考える者がいてもいいだろうと思って、一生懸命その原稿を書いたのです。それが「死者と共に生きる」と題した文章です（『保守と立憲』二〇一八年、スタンド・ブックス、所収）。

そのとき私が考えたのは、死者、大切な人の死というものは、単なる喪失ではないということです。たしかに喪失があって、悲しくてつらくてぽっかり穴が開いて、生きていく心地もしないみたいな呆然とした時間が過ぎるのだけれど、しかし、あるとき私たちは、その死者ともう一回出会い直すという経験がある。

私自身も、自分の友人が亡くなって一ヵ月くらい経ったときに原稿を書いて新聞社に送ろうと思ったとき、何か彼に見られている気がして、一度とまって書き直したことがあります。二、三時間かけて書き直した原稿を夜中にメールで送ったあと、これまでの時間は何だったんだろうと考えた。そのときに、ああ、自分は彼と出会い直したんだな、と思ったのです。生きているときに彼が倫理的な存在であることはなかった。けれども亡くなってから、私に時折、厳しいまなざしを投げかけて来るようになった。これまでとは違う関係が始まったとするならば、そうか、死者というのはいなくなったのではなく、死者となって存在している。この死者と一緒に生きていくというのが、私が「よく生きる」という問題と関わっているのだ――と思ったときに、だいぶすっきりしたのです。

仏教というものは、おそらくそのことをちゃんと考えていて、それが四十九日、三回忌とかの仏教儀礼になったのでしょう。ですから私も、葬式仏教が悪いなんて思いません。お坊さんが葬式を一生懸命やっていないことの方が問題なのです。葬式をしっかりとやること、そして死者ともう一回出会い直す場を設定していくことが必要だと思います。批評家の若松英輔さんは四十九日などの仏事を「死者との待ち合わせの日」という言い方をしています。人の最期をめぐる儀礼を丁寧にやっていくこと——それが、おそらく仏教で本当に求められていることでしょう。死者とともに生きることを決して忘れてはいけないと思います。

おわりに

東京工業大学リベラルアーツ研究教育院院長　上田紀行

平成とはいったいどんな時代だったのか？

そう聞かれてすぐにきちんとした返答ができる人は、あまりいないのではないでしょうか。

昭和ならばはっきりと答えられそうです。昭和初期は戦争へと向かっていく時代。そして敗戦という大きな痛手を負い、国家のかたちを大きく変化させ、中期から後期にかけては経済復興から未曾有の経済成長を成し遂げた時代、といったように。それはもちろん昭和の時代がすでに過去の歴史として、整理して物語られていることにもよりますが、しかしその時代を現在進行形として生きていた人たちにも、昭和の時代の移り変わりはかなりはっきりと自覚されていたのではないでしょうか。

しかし平成となると、とたんに私たちの時代感覚は混乱してきます。最初期には日本ではバブル経済とその崩壊があり、そして世界ではベルリンの壁が崩壊し冷戦時代が終結しました。そこまではわかります。しかし、その後の二十年あまりがいったいどのような時代だったのか、私たちはその時代を物語る言葉をまだ見つけられていないというのが偽らざる実感ではないでしょうか。

この本は、その「平成論」に宗教の視点から斬り込もうとするものです。著者の一人である私自身、いったいその平成論がいかなるものになるのかは、まったく予想できずに、この本のもととなる対談をスタートさせました。しかし、バックグラウンドの異なる四人の論者が宗教を軸に様々な角度から平成を論じてきた本書をここまで読んできて、この平成論はもちろん平成のすべてを網羅するものではありませんが、平成という時代の核心をかなり射抜いているものとなったと感じるのは、著者のひいきの引き倒しでしょうか。

宗教を論じていて、それが時代の核心を物語る言葉となる。それは平成の時代が昭和とはまったく異なった多層性を持つに至ったからに違いありません。GNPやGDPといった経済指標が時代を決定づける大きな意味を持ち、東西の冷戦下での軍事バランス、資本主義と共産主義という対立軸をもった社会構造や思想・言論のダイナミズムといった、非常に明快で外的な指標や言論が通用した昭和が終わり、平成はきわめて「内的」な次元が大きな問題となった時代でした。

この本でも何回も取り上げられた「生きづらさ」は、平成の日本人を物語るキーワードかもしれません。社会が、人生がどんどん生きづらいものになっていく、そうした感覚を抱いている人は少なくないでしょう。そして経済が絶好調のときは見えなかった、日本人の自己重要感、自己信頼感の低さが大きな問題となってきます。またそのなかで一人ひとりの個人としてのアイデンティティも揺らぎ、日本人のアイデンティティも大きく揺らいでいきます。

政治、経済といった目に見えやすい外的なものだけではなく、生きづらさ、アイデンティティ、安心、支え、そして私は何のために生きているんだろうといった、数字や指標とかではっきり明示しにくい内的なものが大きな意味を持つようになり、その両側面を捉えなければ時代を読み解くことが難しくなったのです。アイデンティティの揺らぎがナショナリズム、テロリズムを生んでいく。自己信頼感の低さが権威への依存を生んでいく。支えのなさが様々な不正との悪循環を生んでいく。人間の深い内面的世界と外面的な社会事象が循環を為して進んでいく時代となりました。

平成という時代を、宗教を軸にして語ることが、時代の核心の一つへと迫る行為となるということ、それはまさに平成の社会構造とその時代を生きた私たちの自己のあり方の密接な関係を物語るものでした。それとともに、そこで論じられる「宗教」が単に宗教の教義を指すものではなく、〇〇教といった宗教教団だけを指すものでもなく、より大きな「スピリチュアリティ」や「宗教性」といった枠組みのなかで語られていることにも注目していただきたいと思います。いわゆる昔のお堅い「宗教学」ではなく、領域横断的なダイナミックな宗教研究の積み重ねがここにはあるのです。

四人の論者が単独で論じていては、平成論も、現代世界の見取り図もここまで多面的、包括的には描かれていなかったかもしれません。これは政治、これは経済、これは宗教といった領域に分けてしまうのではなく、それらの関係性のなかに宗教性を読み解くというのが、四人の論者に共通した視点でした。そのなかで四人各々が自身の探究する領域を語り出したことによって、ここまでの厚みのある議論が生まれました。

それにしても、この四人がなぜ東京工業大学という理工系の大学に揃いも揃って在籍しているのか。最後にその疑問にお答えしておきましょう。

私たちの大学ではいまリベラルアーツ教育を柱とする教育改革を押し進めていますが、四人はそのもとに結集しています。東工大は伝統的には教養教育が有名で、川喜田二郎、宮城音弥《おとや》、伊藤整《せい》、鶴見俊輔、永井道雄、永井陽之助、江藤淳ほか蒼々《そうそう》たる教授陣を誇っていました。しかし日本の大学が「すぐに役に立つ即戦力を養成するべきだ」といった潮流に巻き込まれるなか、どの大学でも低学年から専門教育に力を入れることとなります。また社会では成果主義の嵐が吹き荒れ、学生たちは「評価」を過剰に気にするようになりました。高校時代には、大学入試の試験科目だけに集中して他は無駄と切り捨て、大学に入ってからもその意識のまま進んでいく。レポートを課すと「先生、レポートの評価軸はどこでしょうか?」と聞いてくるような学生が必ず出てくるようになりました。しかしある時期からそこへの反省が起こってきます。学生に迫力がなくなった、他人の顔色をうかがってばかりいて、自発性がなくなっている。専門は知っているが逆に創造性が低下しているのではないか、といった反省です。

いちばん大きな問題は、評価ばかりを気にしている学生たちは、他人がつくった問題は解けるが、自分で問題を発見できないということでしょう。そもそも何でこんな研究をしているのか。自分の存在が、学問が世界をどう変えていくのか。世界のいかなる呼びかけに私は答えようとしているのか。そうした根本的な問いを発することができない。そして専門しか知らない人間は、その世界で挫折してしまうと立ち直ることができません。「役に立つ」ことを求めての教育が、人間の根っこを育てることを忘れてしまったがゆえに、逆にそれ以前の状態になってしまっている。そうしたことがだんだん顕著になり、教養教育の見直しが行なわれるようになったのです。

二〇一二年に池上彰さんが東工大に着任し、池上さんと私はハーバード、オックスフォード、ケンブリッジ、UCバークレー等、世界の一流とされる大学をいくつも訪問しました。なかでもMIT（マサチューセッツ工科大学）の学部教育統括部長の話は非常に示唆的でした。航空工学の世界的権威でもある教授は、「先端科学技術はもはや五年ですべて陳腐化して使い物にならなくなる。その分野がなくなってしまうことすらある。だからMITでは先端技術を教え込むよりも、その分野がダメになったときにいかに学び直し、新たな道を切り拓いていけるかの能力を磨くべきなんだ」と言い、ニヤリと笑ってこう続けました。「だから二千五百年続いている仏教とか、二千年続いているキリスト教とか、時代を超えて生き続けてきた様々な文化伝統はほんとうにすごい。科学者こそ、それらを絶対知っておくべきなんだ」

池上さんも私も我が意を得たりとその話を聞き、そこが一つの出発点となりました。そして二〇一六年にリベラルアーツ研究教育院が発足し、大学一年生から博士課程までリベラルアーツ教育を必修化するという、大きな教育改革が開始されます。弓山さん、中島さんをはじめとして、パワフルな教授陣が東工大に結集しました。そして少人数でのディスカッションを随所に導入し、大学入学直後の「東工大立志プロジェクト」では池上彰さん他の著名講師の講義を聞いてのグループ討議を積み重ね、六月には新入生全員が自分の「志」を発表します。

三年生では少人数グループで批評し合って、修士一年生のアドバイスを得ながら全員が「教養卒論」を書き、修士課程の「リーダーシップ道場」では自らも社会をリードしていく心構えとその方法を学び、そして博士課程の必修科目では専門の違う学生が四人ひと組になって貧困や平和などの地球大の問題への解決策を話し合い、ポスター発表して相互投票でグランプリを決めるなど、たいへん活気に溢れる場を創り上げています。

昔は「教養教育」と呼ばれていたものをあえて「リベラルアーツ」と言い換えているのには意味があります。リベラルアーツとはリベラル＋アーツ、つまり「自由にする技」ということです。古代ギリシャ・ローマにおいて、奴隷ではなく自由市民になるための技がリベラルアーツでした。奴隷と言っても鞭《むち》で打たれて使われるという奴隷ではありません。奴隷とは自分の頭で考えず、主人の命令に従って行動する人たちのこと。自分自身がより良き未来を創造していくなどとは考えずに、ただ毎日を指示に従って生きるもののことです。

そう考えてみると、私たちはほんとうに自由市民と言えるでしょうか。またレポートの評価軸を教えると、みんな同じようなレポートを出してきてしまうような学生たちは自由市民でしょうか、奴隷でしょうか。私たちの大学からは創造性に溢れた自由市民を輩出したい。より良き未来を自らの手で創造していくという気概、「志」を持った若者たちを育てたい。「リベラルアーツ」という言葉にはそのような大きな願いが込められているのです。

もうお気づきかもしれませんが、宗教とは人間を自由にするものに他なりません。仏教は人間を煩悩《ぼんのう》や執着から解き放つことによる、究極の自由が目指されています。キリスト教にせよ、イスラム教にせよ、宗教の原点には人間の苦しみがあり、その苦からの救いが目指されています。政治経済的な解放だけでは人間が救われず、高度にシステム化した社会構造が人間を苦しめる現代において、そのなかでのリベラルアーツを探究するときに、宗教は決して避けては通れないものなのです。

もちろん、宗教は自由にする技でありながら、一方で人間を縛りつける側面もあります。リベラルアーツの根本の一つに、物事を鵜呑《うの》みにせず問い直していくという「クリティカル・シンキング（批判的思考）」がありますが、私たちは宗教の重要性を認識しているがゆえに、宗教に対しても根本から問い続けなければなりません。四人の論者に共通するのは、宗教に対して大きな共感を持ちつつ、批判的にも思考するという確固とした姿勢でした。そのことによって今後の宗教の可能性、そして世界の可能性が開示されていくのだと思います。

同じ部局に属しているとはいえ、日々の教育改革に没頭し、なかなか議論する場も持ち得なかった私たち四人に、「平成の社会と宗教」というお題を与え、これだけの議論を引き出してくださったのは、ひとえに渡邊直樹氏の慧眼《けいがん》によるものです。「週刊アスキー」「週刊ＳＰＡ！」等の創刊に携わり編集長として、まさに時代とともに歩んできた名物編集者が、最近十年間取り組まれてきた『宗教と現代がわかる本』の集大成として四人にお声がけいただいたことにより、この『平成論』が生まれました。公開シンポジウムに詰めかけた八百人もの方々の熱気にも後押しされ、渡邊氏にうまく乗せられ引き出されつつ議論させていただいたのはたいへん嬉しい時間でした。心より感謝申し上げます。

また出版にむけて編集の労を取ってくださったのが、ＮＨＫの名物番組「１００分de名著」のテキスト編集もされてきた加藤剛さんだったというのも、私たちにとっては幸運なことでした。四つの章が独自性に満ちながら、一緒に呼吸しているかのようにまとめていただき、私たちにとってもかけがえのない本となりました。

平成とは何であったのか、それは未来から振り返ったときに、より明らかになるものかもしれません。しかし平成の世を歩みつつ、あるときは喜び、悲しみ、憤り、そしてより良き世界を求めて歩んできた同時代人として、この本を送り出したいと思います。

皆さんにとってこの本がご自身のリベラルアーツへのきっかけになりますように。そして世界が自由と尊厳に満ちたものとなりますように。

平成三十年八月十五日　未来を展望しつつ、大岡山にて

編集協力　渡邊直樹
　　　　　湯沢寿久
　　　　　山下聡子
図版作成　手塚貴子
　校閲　福田光一
ＤＴＰ　山田孝之

池上 彰《いけがみ・あきら》
1950年生まれ。ジャーナリスト。東京工業大学特命教授。
著書に『おとなの教養』『はじめてのサイエンス』など。

上田紀行《うえだ・のりゆき》
1957年生まれ。東京工業大学教授・リベラルアーツ研究教育院院長。
著書に『生きる意味』『がんばれ仏教!』など。

中島岳志《なかじま・たけし》
1975年生まれ。東京工業大学教授。専門は南アジア地域研究、
日本近代政治思想。著書に『中村屋のボース』など。

弓山達也《ゆみやま・たつや》
1963年生まれ。東京工業大学教授。
現代社会の宗教性・霊性をテーマに研究。著書に『天啓のゆくえ』など。

NHK出版新書 561

平成論

「生きづらさ」の30年を考える

2018(平成30)年9月10日　第1刷発行

著者　池上 彰　上田紀行　中島岳志　弓山達也

発行者　森永公紀

発行所　NHK出版
〒150-8081東京都渋谷区宇田川町41-1
電話 (0570) 002-247(編集) (0570) 000-321(注文)
http://www.nhk-book.co.jp (ホームページ)
振替 00110-1-49701

ブックデザイン　albireo

印刷　慶昌堂印刷・近代美術

製本　藤田製本

Printed in Japan ISBN978-4-14-088561-1 C0236

NHK出版新書好評既刊